미란타왕문경

彌蘭陀王問經
by ISHIGAMI Zen'oh

Copyright ⓒ 1965 ISHIGAMI Zen'oh
Korean language rights arranged with Chikuma Shobo Publishing Co., Ltd., Tokyo
through Japan UNI Agency, Inc., Tokyo and Korea Copyright Center, Seoul
This Korean edition published 2001 by Hyeonam Publishing Co, Seoul

미란타왕문경

초판 발행 | 1976년 4월 5일
개정 초판 발행 | 1991년 5월 15일
개정2판 1쇄 발행 | 2001년 4월 20일
개정2판 4쇄 발행 | 2017년 9월 30일

지은이 | 이시카미 젠오
옮긴이 | 이원섭
펴낸이 | 조미현

인쇄 | 영프린팅
제책 | 성문제책사

펴낸곳 | (주)현암사
등록 | 1951년 12월 24일 · 제10-126호
주소 | 04029 서울시 마포구 동교로12안길 35
전화 | 365-5051 · 팩스 | 313-2729
전자우편 | editor@hyeonamsa.com
홈페이지 | www.hyeonamsa.com

• 잘못된 책은 바꾸어 드립니다.
• 이 책의 한국어판 저작권은 Korea Copyright Center/한국저작권센터를 통한
  저작권자와의 독점계약에 의하여 현암사에 있습니다. 신저작권법에 의해 한국 내에서
  보호를 받는 저작물이므로 무단전재와 무단복제를 금합니다.

ISBN 978-89-323-1103-6 03220

미란타왕문경

이시카미 젠오 지음 · 이원섭 옮김

현암사

일러두기

○ 『미란타왕문경』을 『밀란다 왕의 물음』으로 통일한다.
○ 인용한 대화의 최초의 " "의 밑의 ( ) 안 숫자는, 편·장·절을 나타낸다.
○ '석존'·'불타'·'세존'은 '붓다'로 옮긴다.
○ '밀란다'는 모두 '메난드로스'로 통일한다.

■ 지은이의 말

『미란타왕문경』이라고 흔히 불리어 온 이 성전은, 오래 전부터 많이 애독되었던 것처럼 생각되지만, 일본에서 각광을 받게 되기는 대정 연간에 들어선 다음이었다. 물론 이 경전의 한역인 『나선비구경(那先比丘經)』이 일본에 전해진 때는 말할 것도 없이 아주 옛날로 거슬러 올라가게 되려니와, 일본에서 꽃핀 종파와는 관계가 없었다는 점이, 이제껏 묻혀 있었던 원인이었다. 이 경전이 몇몇 식자들의 관심을 끄는 데 그치지 않고, 많은 사람에게 화제가 되기 시작한 것은 소화 25년(1950년) 이후라고 못박아 말해도 된다. 그로부터, 『미란타왕문경』이라 불리어 오던 이 경전도 『밀린다 왕의 물음』이라고 쉽게 불리게 되었다. 여기서도 이 『밀린다 왕의 물음』이라는, 쉬운 이름을 쓰고자 한다.

『밀린다 왕의 물음』은 기원전 2세기경, 서북 인도를 지배하던 그리스인 왕 밀린다(메난드로스)와 불교 승려인 나가세나가 이야기하는 형식으로 쓴 성전이다. 거기에서는, 뜻밖에도 인도 사상과 헬레니즘 문화가, 각자의 세계관과 인생관에 입각하여, 매우 명석하게 토론을 전개시키고 있다. 그 시대는 붓다에 의해 시작된 불교가, 점차 인도에 기반을 확장하여, 많은 신자가 있었으며, 불교 사상도 복잡한 교리를 파생하기에 이르러, 일반 신자에게는 상관없다고 생각되는 번잡스런 철학까지 생기고 있었다. 그러나 대승 불교는 싹만 텄을 뿐이어서, 그것이 융성하게 발달을 하기에는 시일을 필요로 하고 있는 형편이었다. 그런 점에서 그 시대는 불교의 과도기라 할 수 있는 때였으며, 그 무렵에 태어난 것이 이 경전이었다.

이 경전에 나타나는 대화는 매우 보편성이 있어서, 불교 경전 중 특이한 위치를 차지하는 터이다. 문체가 평이해서이기도 하겠지만 그 내용이 근래에 와서 점차 주목을 끌고 있는 것도 그럴 만한 까닭이 있다고 하겠다. 더욱 그리스적 사유의 도움에 의해, 불교 사상이 현대인에게 쉽게 받아들여지는 이점도 지니고 있어서, 훌륭한 불교 입문의 구실도 다하고 있는 것이다.

이제 그리스적 사유라는 말을 썼지만, 여기서는 인도 사상과의 대비를 중심한 비교 사상의 입장으로부터 논술할 생각은 나에게 없다. 이 입장에서 기술한 저서로는 이미 나카무라(中村元) 박사의 노작이 나와 있는 터이므로, 여기서는 그리스적 사유라는 말을 확대 해석하며, 불교에 접근하려는 현대인의 사유의 뜻으로 보고 싶다. 이렇게 말하는 것은 우리 현대인의 사유는 이

방인이 된 것이나 다름없게, 그리스 사상을 배경으로 한 서구적 사유에 익숙해지는 반면, 정작 동양의 사유에서는 멀리 떠나 있는 것이 우리의 실정이기 때문이다.

나는 동양 사상을 대표하는 불교에 접근하려는 사람들을 위해, 이 경전이 성립하게 된 배경과 그 한계도 밝혀 가면서, 그 뒤의 불교 사상의 발전의 모습도 섞고, 때로는 『밀린다 왕의 물음』에 의탁하여 자유롭게 생각을 나타내고자 한다. 이 경전을 벗어나는 경향이 다소 생긴다손 쳐도, 중심은 어디까지나 인간이란 어떤 존재인가를 파헤치는 데 둠으로써, 거기로부터 인간은 어떻게 살아야 하는가를 불교의 입장에서 추구한 이 경전을 쉽게 소개하면서, 인간의 내면적인 문제를 내 나름대로 구명하려고 한다.

본서의 제1장과 제2장은 『밀린다 왕의 물음』의 원형에 가까운 부분으로 편의를 위해 나눈 데 불과하며, 내용에도 중복된 부분이 있다. 제3장은 앞의 두 장과 유사한 대목도 있기는 하나, 후세에 와서 덧붙은 부분이고 대화 형식에도 꽤 차이가 있어서, 감히 하나로 묶어 버렸다. 원칙적으로 앞의 두 장은 축자역이지만, 제3장은 본문이 길기 때문에 필요한 부분만 발췌하고, 나머지는 의역해서 내용을 소개하는 데 그치기로 했다.

『밀린다 왕의 물음』은 모든 독자의 흥미를 끌 수 있다고는 할 수 없을지도 모른다. 내용은 일관된 것이 아니니까, 독자의 기호에 따라 읽어 가면 될 줄로 안다. 이를테면 서장과 제2장을 제쳐 놓고, 제1장과 제2장을 적절히 읽어 가도 된다. 이론적인 사람은

제2장을 처음부터 읽는 것도 무방하겠다. 하여간 목록을 참조하여 흥미를 끄는 대목부터 읽기를 권하고 싶다.

이 책이 이루어지는 데 있어서, 많은 선학의 직접·간접의 은혜를 받았다. 다수의 저작으로부터 영향을 받았음은 말할 것도 없거니와, 특히 나카무라(中村元)·하야지마(早島鏡正) 두 분 박사의 노작으로부터 받은 바는 참으로 크다. 이에 덧붙여 감사의 뜻을 대신하고자 하는 바이다.

이제는 가고 안 계신 할아버님과 아버님의 영전에 이 책을 바치면서.

이시카미 젠오(石上善應)

| 차례 | **미란타왕문경**

- 일러두기 • 4
- 지은이의 말 • 5

1 성립과 구성
성립과 구성 ················· 15

2 어떻게 할 것인가
나란 어떤 존재인가 ················· 23
불안과 그 초극 ················· 39
갖가지 모습 ················· 54
인간의 나약성 ················· 63
진실한 지혜 ················· 73
지혜를 깊게 하는 것(1) ················· 83
지혜를 깊게 하는 것(2) ················· 91
지혜를 깊게 하는 것(3) ················· 101
유연(柔軟)한 세계 ················· 110

3 어떻게 생각할 것인가

붓다의 대화 방식 ·· 121
윤회의 세계 ··· 127
행위의 책임 ··· 139
시간론 ··· 145
무영혼설 ··· 149
지식의 양상 ··· 153
열반 ·· 161
출가의 의의 ··· 170
붓다가 걸으신 길 ······································· 176
신증(身證) ··· 185

4 가르침의 맛

진실한 서원 ··· 197
위기 의식 ··· 204
생명의 접촉 ··· 212
정법(正法)의 확립 ······································ 220
자살 시비 ··· 229
불해와 절복(折伏) ······································ 237
존경과 비난 ··· 248

출가자의 정신 ·· 256

5 그리스 사상과의 대비
그리스 사상과의 대비 ·································· 265

■ 부록:원전의 영향과 문헌의 개설 • 275

1. 성립과 구성

성립과 구성

『밀린다 왕의 물음』에 나오는 밀린다 왕은 그리스의 메난드로스(Menandros) 왕으로, 현존하는 인도 문헌에 그 이름을 전하고 있는 유일한 그리스계 국왕이다. 그는 대략 기원전 2세기 후반에 인도에 침입하여 인도를 통치했던 실재 인물이다. 그는 그리스의 신들을 신봉하기는 했으나, 인도 일대에 전파해 있던 불교에 대해서도 흥미를 느껴서 불교 지식을 대담을 통해 얻어 냄으로써, 많은 불교 수도자들이 그의 논리적인 토론으로 혼이 났던 모양이다. 마침내 불교를 좋아하게 된 왕은, 불교를 위해 많은 것을 헌납하기도 했다. 경전에는 나가세나와의 토론 끝에 불교에 귀의[1]했다고 적혀 있으나, 그 사실을 입증할 만한 자료는 아

---

1) 부처님이나 진리에 돌아가 의지함. 자기를 몰각한 신앙의 뜻.

직 없다. 적어도 불교를 꽤 이해하고 있던 사람임에는 틀림이 없을 것이다.

한편 나가세나는 바라문[2] 출신이었으나, 베다(吠陀)[3]를 학습하다가 의문을 품고 그것이 공허하고 무가치하다고 느껴 출가했다고 전해 오고 있다. 한역(漢譯) 경전에서는 나가사나(那伽斯那)·나선(那先)·용군(龍軍) 등으로 번역했거니와, 그 내력은 알 수 없다.

『밀린다 왕의 물음』은 여러 불교 경전 중에서도 매우 특수한 위치에 있으며, 전통적인 불교 사상의 흐름을 따르면서도 자유로운 사고를 하였고, 또 대승 불교의 싹이라고 생각되는 사상도 내포하고 있다. 말하자면 붓다 시대의 불교 사상에 가까운 형태를 지키면서도, 그것과는 다른 역사의 흐름을 좇아 간 흔적도 지니고 있는 경전이다. 그런 만큼 우리도 자유로운 토론을 통해서 틀에 얽매이는 일 없이 맛보고 읽어 가야 하리라.

팔리 어(Pali-bhasa)로 씌어진 『밀린다 왕의 물음』의 첫 부분(부기한 각 장 내용에서는 거의 제1편에 해당)과 한역 『나선비구경』과는 거의 같다. 그 같은 부분이 원형에 가까운 것이라고 추측되고 있다. 이 책에서는 그 부분이 제1장·제2장을 이루고 있다. 그러나 팔리 문과 한역 경전이 거의 같다 해도, 오히려 한역 편이 서술 형식이 간단한데, 이것이 보다 고형(古形)인 것으로 생각된다. 또 서화(序話)를 비교해 보면 틀리는 점이 매우 많으므

---

[2] 인도 4성 중의 최고 종족으로 승려 계급. 그들의 종교를 바라문교라 한다.
[3] 인도 바라문교의 근본 성전.

로, 서화는 후세의 추가임이 명확한데다 팔리 문 속에는 사실(史實)에 반대되는 점도 있어서, 이것은 보다 후세에 덧붙여진 것임을 말해 준다 하겠다.

이 책에서 다룬 제3장 부분은 후세에 늘린 대목에 해당하거니와, 『밀린다 왕의 물음』의 제2편 및 제3편은 서력 250년 이후에 덧붙였을 것으로 흔히 생각되고 있다. 『밀린다 왕의 물음』의 전반부(제1편)와 후반부(제2편·제3편) 사이에는, 불교 사상의 해석에 있어서도 명백히 시간적으로 발전해 간 자취가 엿보이며, 또 메난드로스 왕이 알고 있었다고는 생각되지 않는 교리의 문답조차 이루어지고 있다. 그런데도 이 책에서 그 일부분을 채용한 것은, 현대에 대한 경종이 될 수 있는 무엇인가를 포함하고 있다고 생각되었기 때문이다. 이 점에 관해서는, 나카무라(中村元)의 『인도 사상과 그리스 사상의 교류』를 참조한다면 더 명확해질 것이다.

이렇게 하여 성립한 경전이긴 해도, 일본에서는 대승 불교의 흐름을 따르는 각 종파와 관계가 없었기 때문에, 일반적으로는 주목을 받은 일이 없었다. 이윽고 메이지(明治) 시대에 접어들자, 유럽에서 받아들인 학문에 자극을 받아 학자들 사이에서 주목을 끌기 시작했다.

팔리 문에서 영역한 리스 데이비즈는 이 책을

"교리에 관한 논쟁서(論爭書)라는 점에서는, 그 당시 나타난 어느 나라의 어느 책보다도 뛰어난 인도 산문의 걸작이다."

라고 칭찬했을 정도였다. 이런 영향으로 세계사적 입장에서 재평가되기 시작한 『밀린다 왕의 물음』은 지식인들 사이에 재빠르게 침투해 갔다. 리스 데이비즈의 영역을 대본으로 일본어로 옮긴 야마카미(山上曹源) 대사가, 이 책이 『국역대장경』에 들게 되기까지의 경위를 말한 글에서도 저간의 사정을 명확히 엿볼 수가 있다.

『국역대장경』을 처음 기획할 때까지만 해도 이 책은 번역 대상에 들어 있지 않았다. 그런데 편찬자들 사이에서 이 경을 독자에게 소개할 필요가 있다는 의견이 대두되어 마침내 『국역대장경』의 목록에 추가된 것이다.

이 책은 『현대인의 불교』 시리즈 중에서도 가장 낯선 경전임에는 틀림이 없다. 그러나 현대인이 구하고 있는 일들이 이 대화에 집약되어 있는 것도 사실인 만큼 시대의 요청에 따라 등장한 경전임을 재인식하여야 될 것이다.

이 경전은 불교 교리상에서도 특색을 지니고 있다. 붓다가 돌아가신 후 생겨난 상좌부(上座部)[4] 계통의 번잡한 철학을 아비다르마(阿毘達磨)[5]라고 부르거니와, 그것이 일단 성립한 직후의, 아비다르마 사상에 구애받지 않는 새로운 사상의 싹이 이 경전에 나타나 있는 것이다. 그 대표적인 예가 불교가 추구한 마음의 문제이다. 이를 보통 심식론(心識論)이라 부르기도 하지만 『밀린다 왕의 물음』에서는 이것을 종전의 사고 방식에 얽매이지

---

4) sthavirāḥ. 인도 소승 불교의 한 파. 보수적 경향을 띠었던 파.
5) abhidharma. 불교를 경·율·논으로 나눌 때 논(論)을 말함. 즉 소승 불교의 철학.

않고 자유롭게 다루고 있다. 그 의미에서는 불교 교리의 역사상 흥미 있는 전개를 보여 주는 경전이라 하겠다. 또 한편으로는 대승 불교의 싹이라고도 할 수 있는 생각이 이 책에 산재해 있다는 점도 주목된다. 이 사실에도 주목하여 이 책을 고쳐 읽는다면 색다른 흥미를 느끼게 될 터이다.

실재했던 그리스의 세속적인 생각의 소유자와 당시의 일류 불교 승려와의 대화가 경전 또는 책의 형식으로 남아 있는 것은 이것뿐임을 생각할 때, 후세에 와서 이 경전이 얼마나 소중히 여겨지고 중시되었나를 대략 추측할 수 있을 것이다. 또 당시의 지식인이 불교 사상의 어떤 점을 문제삼았나 하는 것을 이해하는 단서도 되므로, 빠뜨릴 수 없는 경전이라 할 수 있겠다.

그리스 왕 메난드로스의 질문은 불교를 전혀 모르는 청년같이 날카롭다. 현대인이 한 번은 묻고 싶어지는 불교의 사고 방식에 대해, 마치 그 대표자로서 메난드로스가 질문하기라도 하는 듯하다. 그만큼 현재에도 생생히 느껴져 오는 대화가 여기에 전개되고 있는 것이다. 의문을 품고 있는 현대의 청년이 메난드로스요, 그에 대답하는 불교계의 대표자는 나가세나라는 승려인 셈이다.

불교는 난해하다. 그러나 불교에 마음이 끌리는 사람이 있다. 그것을 어떻게든 알아듣기 쉽게 설명해 주었으면 좋겠다. 또 생활과 유리된 듯 보이는 불교를 어떻게 파악하고 실천해야 할 것인가? 이런 일반인의 요구에 대해 기원전 2세기에 이미 이 같은 질문이 일어났으며, 또 거기에 대해 대답하고 있는 것이다. 이는 아마 현대인에게 많은 공감을 불러일으킬 것이다. 현대인이 서양의 지혜를 받아들임으로써 동양의 이방인이 되기 쉬운 이때, 메난드로스 왕은 바로 이런 현대인을 대표하여 질문하고 있는 셈이다.

  일부러 그리스 사상과 비교하지 않더라도, 현대인의 사고 방식은 오히려 그것과 가깝고 서양의 파악 방법도 그대로 현대인에게 연결되어 있어서, 이해하기 쉬운 점을 거기에서 발견하게 될 것이다. 또 그에 대해 나가세나가 저 번잡한 불교 술어를 될 수 있는 대로 피하면서 쉬운 말로 메난드로스 왕에게 대답하는 태도도 우리 마음에 아름답게 다가든다. 다만 시대와 풍토의 차이로 인해 경전에 실린 비유가 모두 이해되지 않는 점도 생기고, 초자연적인 힘에 대한 설명으로 곤경을 겪게 되는 경우도 있을 것이어니와, 항상 인도라는 풍토를 머리 속에 새겨 가면서 읽어 간다면, 이 대화가 생생히 살아 와서 깊은 감명을 느낄 수도 있을 것으로 여겨진다.

2. 어떻게 할 것인가

나란 어떤 존재인가

최초의 대화

이 대화의 명백한 이해를 돕기 위해, 메난드로스 왕과 존자(尊者) 나가세나가, 처음에 문제삼았던 토론을 자세히 기록해 보자. 먼저 왕이 물었다.

"어찌하여, 당신은 존사로서 세상에 알려지셨습니까? 존사여, 당신의 이름은 무엇입니까?"　　　　　　　　　　(1, 1, 1)

메난드로스 왕은 나가세나가 유명해서 만나려고 일부러 찾아왔을 터이다. 게다가 나가세나라는 이름이 머리에 명확히 새겨져 있을 터인데도 마치 전혀 모르는 사람을 만나기라도 한 듯 엉뚱한 질문을 하고 있는 것이다. 메난드로스 왕의 이 질문은 다분히 의도적인 데가 있지만, 거기에 답하는 나가세나 역시 그런 것쯤 충분히 예상했다는 태도여서, 그들의 대화는 선승들의 문답에 가깝다 하겠다.

나가세나는 무심코 이렇게 대답했다.

"저는 나가세나라는 이름으로 알려져 있습니다. 대왕이시여, 저와 수도를 함께 하고 있는 사람들은 저를 나가세나라고 부릅니다. 또 제 부모도 나가세나라든지, 스라세나라든지, 바라세나라든지, 혹은 시하세나라고 부릅니다.

그러나 대왕이시여, 이 나가세나라는 것은, 실제에 있어서는 명칭이며 속칭이요 가짜 이름이요 통칭이어서 단순한 이름에 지나지 않습니다. 이 이름에서 실체적 개아(個我)—오히려 인격적 개체니, 인격적 자아라고 번역하는 것이 좋을지 모른다—는 발견되지 않습니다."

사람의 이름 같은 것은 하나의 상징에 불과하니까, 이러니저러니 하고 떠들 만한 가치가 있는 것은 아니다. 하물며 이름에 영구히 불변하는 나라든지, 인격적인 개체라든지 하는 것은 인정할 수 없다고 대답한 것이다. 그리스인으로서는 이 불교도의 사고 방식을 이해하기가 어려웠는지, 메난드로스 왕은 깜짝 놀란 듯이 물었다.

"오백 명의 그리스인과 팔만에 달하는 출가 수도자 여러분, 이 나가세나는 '이름에는 실체적 개아는 발견되지 않는다.'고 말했소. 이를 인정할 수 있겠는가?"

만약 실체적 개아가 없다면 행동의 주체가 없게 된다. 그래서 왕은 나가세나에게 이런 의미의 질문을 했다. 만약 실체적 개아가 없는 것이라면, 승려에게 필요한 의복이나 음식이나 침구·좌구(座具)·의약품 따위를 주는 것은 누구인가? 또 그것을 받아 사용하는 것은 누구인가? 계율을 지키는 것은 누구인가? 수도하고 있는 것은 누구인가? 그 수도 끝에 얻어지는 편안한 경지(열반)에 대해 깨닫는 것은 누구인가? 애욕에 있어 속된 행위를 하는 것은 누구인가? 거짓말을 하는 것은 누구인가? 술을 마시는 것은 누구인가? 다섯이나 되는 무거운 죄를 범하는 것은 누구인가?

만약 참말로 실체가 없다면, 선도 없고, 악도 없고, 선악의 행위를 저지르는 자도 없고, 선악의 결과도 없게 된다. 나가세나를 죽이려는 사람이 있어도, 그에게는 살인이 없게 되며, 스승도 없어지고, 계율을 받을 일도 없게 된다. 그렇다면 대체 나라고 하는 존재는 무엇인가? 이것은 마땅히 생길 수 있는 의문이다.

메난드로스 왕은 이상과 같은 질문을 하면서, 다시 이렇게 물었다.

"앞서, '대왕이시여! 저와 함께 수도를 하고 있는 사람들은 저를 나가세나라고 부릅니다.' 라고 했거니와, 이 경우, 무엇을 나가세나라고 하는가요? 존사여, 두 발이 나가세나인가요?"

"아닙니다."

"그렇다면 몸에 난 털이 나가세나인가요?"

"아닙니다."

"손톱·이·피부·살·힘줄·뼈·뼛속·신장·심장·간장·늑막·비장·폐·장·장간막·위·배설물·담집·가래·고름·피·땀·지방·눈물·혈장·침·콧물·관절활액·오줌·두뇌 중의 어느 것이 나가세나인가요?"

"그 어느 것도 아닙니다."

"그렇다면 존사여, 물질의 형태가 나가세나인 셈인가요?"

"아닙니다."

"그럼, 감수 작용이 나가세나인가요?"

"아닙니다."

"지각 작용이 나가세나인가요?"

"아닙니다."

"습관의 축적이 나가세나인가요?"

"아닙니다."

"의식이 나가세나인가요?"

"아닙니다."

"그렇다면 존사여! 물질의 형태와 감수 작용과 지각 작용과 습관의 축적과 의식 따위 모두를 일러 나가세나라 하는가요?"

"아닙니다."

"존자여, 그렇다면 물질의 형태·감수 작용·지각 작용·습관의 축적·의식 외에 따로 나가세나가 있는가요?"

"아닙니다."

"존자여, 나는 되풀이하여 당신에게 물어 보아도, 나가세나를 발견할 수 없습니다. 존자여, 나가세나란 단순히 말에서 풍기는 인상에 불과하지 않습니까? 그렇다면 여기 내 앞에 있는 이 나가세나는 누군가요? 존자여, 당신은 나가세나는 없다고 진실 아닌 거짓말을 하고 있습니다."

수레라는 것

이런 소리를 들은 나가세나는 메난드로스 왕에게 다음과 같이 물었다.

"대왕이시여, 폐하께서는 고귀하고 품위가 있으시며, 그야말로 포류지질(蒲柳之質)이십니다. 대왕이시여, 만약에 폐하께서 타는 듯한 땅이나 모래 사장을 걸으신다든지, 뾰죽뾰죽한 돌멩이가 섞인 험한 길을 걸어 오셨다고 하면, 발이 아프고 몸은 피곤하며 마음은 괴로워서, 발이 땅에 닿는 것만 생각하셔도 고통스러우시리라 생각합니다. 그런데 폐하께서는 걸어 오셨습니까, 아니면 수레라도 타고 오셨습니까?"

"존자여, 나는 걸어 온 것이 아닙니다. 수레(마차)를 타고 왔습니다."

"대왕이시여, 폐하께서 수레를 타고 오셨다면, 수레에 대해 저에게 설명해 주십시오. 대왕이시여, 멍엣채가 수레입니까?"

"아닙니다."

"속바퀴가 수레입니까?"

"아닙니다."

"바퀴가 수레입니까?"

"아닙니다."

"차체(車體)가 수레입니까?"

"아닙니다."

"수렛대가 수레입니까?"

"아닙니다."

"멍에가 수레입니까?"

"아닙니다."

"바퀴살이 수레입니까?"

"아닙니다."

"굴대빗장이 수레입니까?"

"아닙니다."

"그렇다면 대왕이시여, 멍엣채·속바퀴·차체·수렛대·멍에·바퀴살·굴대빗장이 모인 것을 수레라 하는 것입니까?"

"존사여, 그렇지는 않습니다."

"그렇다면 대왕이시여, 멍엣채·속바퀴·차체·수렛대·멍에·바퀴살·굴대빗장 외에 따로 수레라는 것이 있습니까?"

"아닙니다."

"대왕이시여, 저는 되풀이하여 폐하께 여쭈어 보아도 수레를 발견할 수 없었습니다. 수레란 단순한 말에서 풍기는 인상에 불과하지 않습니까? 그렇다고 여기에 수레라는 것이 있다는 사실을 부정해야 되겠습니까? 대왕이시여, 폐하께서는 수레는 없다고, 진실 아닌 거짓말을 하고 계신 셈이 됩니다.

대왕이시여, 폐하께서는 온 인도 안에서 으뜸가는 임금님이십니다. 대체, 폐하께서는 무엇이 두려워 거짓말을 하셨습니까? 오백 명의 그리스인과 팔만에 달하는 출가 수도자 여러분, 내가 하는 말을 들어 주십시오. 이 메난드로스 왕께서는 '수레를 타고 왔다.'고 분명히 말씀하셨습니다. 또 '대왕이시여, 폐하께서 수레로 거동하셨다면, 수레에 대해 저에게 설명해 주십시오.'라고 여쭈었더니, 대왕께서는 '수레는 없다.'고 말씀하셨습니다. 이 사실에 찬성하실 수 있습니까?"

메난드로스 왕은 나가세나를 처음부터 논리로 굴복시키려고 추궁해 들어갔지만, 같은 논리로 나가세나에게 몰리고 말았다. 더욱 수레의 비유는, 수레의 부품을 하나하나 열거하는 형식을 취했기 때문에 그 부품이 결합해도 수레가 될 수 없음을 인정하지 않을 수 없었다. 그렇다고 그 부품 없이 수레가 되는 것도 아니었다. 지금까지 아무렇게나 썼던 말을 사실은 더 정확히 사용해야 함을 절실하게 이해하게 된 셈이다.

이 수레의 비유는 우리가 곧잘 들었던 재담을 생각나게 한다. 잇큐(一休) 선사가 손뼉을 치면서, 지금 '짝' 하고 소리가 났는

데 오른손에서 난 것인가 왼손에서 난 것인가 했다는 이야기가 있다. 두 손이 없고서는 소리를 못 낸다. 그렇다고 해서 두 손이 바로 소리인 것은 아니다. 두 손을 서로 부딪치는 동작을 해서 비로소 소리가 나게 된다.

그와 같은 사실을 메난드로스 왕도, 나가세나의 반격에 의해 이해했을 것이다. 확실히 질문이 좋으면 상대가 의식하지 못하는 중에 속에 품고 있는 생각까지도 끌어낼 수가 있을 것이다. 저 소크라테스가 산파술이라 일컬으며 상대의 생각을 끌어냈던 사실과 아주 비슷한 예라 할 수는 없겠는가? 질문한다는 일이 얼마나 어려운가를 잘 말해 주고 있다.

메난드로스 왕은 수행한 그리스인들의 재촉을 받아, 나가세나에게 이같이 말했다.

"존사 나가세나여, 나는 거짓말을 하고 있는 것이 아닙니다. 멍엣채에 의해, 속바퀴에 의해, 차체에 의해, 그리고 수렛대에 의해서 수레라는 명칭 · 속칭 · 가짜 이름 · 통칭 같은 것이 생긴 것입니다."

이 대답이야말로, 나가세나가 기다리고 있던 말이었다. 숨 돌릴 틈도 안 주고 나가세나는 왕에게 이와 같이 말했다.

"대왕이시여, 폐하께서는 수레에 대해 분명히 이해하셨습니다. 대왕이시여, 그와 같이 저에게도, 두 발에 의해, 털에 의해,

……두뇌에 의해, 물질의 형태에 의해, 감수 작용에 의해, 지각 작용에 의해, 습관의 축적에 의해, 의식에 의해서 나가세나라는 명칭·속칭·가짜 이름·통칭·단순한 이름 따위가 생긴 것입니다. 그러나 진실한 뜻에서는 실체적 개아라는 것은 존재하지 않습니다.

대왕이시여, 바지라는 비구니가 붓다 앞에서 이런 시를 노래한 적이 있었습니다.

마치 부분이 바로 모일 때
수레라는 이름이 생겨나듯이
다섯 가지 요소[1]가 존재하는 곳
중생[2]이라 부르는 관습이 있네."

자기에 대한 응시

인간이 실로 엄청난 수효의 세포로 이루어져 있음은 새삼 말할 것도 없는 사실이다. 그러나 그런 세포가 우리 눈앞에 널려 있다고 해서, 그것을 하나의 인간으로 볼 사람은 없다. 꼭 있을 자리에 있기 때문에 세포가 활발히 운동할 수 있어서, 한 사람의 인간이 숨쉬며 살아 있는 것이 된다. 세포와 세포가 서로 관계를

---

1) 오온(五蘊)을 말함. 색(色)·수(受)·상(想)·행(行)·식(識). 곧 형태 있는 것과 감수·표상·행위·의식의 주체.
2) 주로 사람들을 가리키지만, 넓게는 모든 생명체.

맺고 있으므로 세포도 살 수 있다. 세포는 그것과 관계하고 있는 세포와 함께 살고 호흡한다. 인간은 그런 관계 속에서 살고 있는 것이니까 이상하다면 이상한 일이다.

다섯 개의 요소란 말은 고대 인도인이 소박하게 생각해 낸 이 세상의 구성 요소를 가리킨다. 이미 앞에서 말했듯이, 물질의 형태(물질적·감각적 성질을 하나의 전체로서 파악하는 존재 형태)나 감수 작용이나 지각 작용 따위의 다섯 가지 요소를 말함이다. 그 다섯 요소가 서로 관계를 맺어 생물(중생)이 이루어졌다. 하나하나의 사물은 모두가 여러 조건에 의해 이 다섯 요소가 모임으로써 성립된 것이라고 불교에서는 설명한다.

붓다가 명확히 파악하여 제자들에게 설하신 법(교리·진리)의 본질에는 불분명한 점은 조금도 없어서, 누가 보기에도 더 없이 명백한 성질을 띠고 있었다. 그 내용은 상의 상관성(相依相關性)이라 할 수 있다. 이것을 붓다는 하나로 요약하여,

이것이 있기에 저것이 있고
이것 생길 때 저것이 생긴다.
이것 없기에 저것이 없고
이것 멸할 때 저것도 멸한다. (相應部經典 12, 21)

라고 말씀하신 바 있다. 나라고 하는 존재는 언제나 타자와 관계를 맺고 있다는 사실을 중시한 것이었다. 나가세나와 토론을 하면서 이 사실을 어렴풋하게나마 메난드로스 왕은 깨달을 수가

있었다.

"존사 나가세나여, 좋습니다. 매우 훌륭합니다. 내 질문에 참으로 훌륭하게 대답해 주셨습니다. 붓다께서 이 세상에 계셨다면, 당신의 대답을 인정하시고, 또 칭찬하셨을 터입니다."

이렇게 칭찬을 아끼지 않은 메난드로스 왕은, 첫 질문으로 나가세나가 예사 중이 아니라 뛰어난 대덕임을 알고 존경하지 않을 수 없었던 것이리라.

그러기는 해도 인간의 존재에 개체적인 것을 인정하지 않는 불교의 중심 사상은 좀처럼 이해하기 어려웠음도 사실이 아닐까? 그러기 때문에 다른 경전을 인용하여 함께 생각해 보기로 하겠다.

언젠가 붓다께서 제타바나(祇園精舍, Jetavana vihāra)[3]에 계신 적이 있었다.

그때 코사라의 왕 파세나디는 자신에 대해 가만히 생각하던 끝에, 자기 이상으로 더 소중한 것은 이 세상에 없다는 결론에 도달했다. 아무리 생각해도 이 세상에서 자기가 제일 소중했다. 정말 그럴까, 아니면 자기 한 사람의 독단일까? 이렇게 생각한 왕은 왕비 마리카에게 물어 보았다.

---

3) 중인도 사위성에서 남쪽으로 1마일 지점에 있던 절.

"마리카여! 그대는 자기 이상으로 더 소중한 것이 이 세상에 있다고 여기오?"

"대왕이시여! 저에게는 저 이상으로 소중한 것이 이 세상에 없사옵니다."

"마리카여! 나도 마찬가지로 자기 이상으로 소중한 것은 없다고 생각하오."

그래도 아직 미심쩍었던 왕은 붓다에게 사신을 보내어 이 이야기를 하고, 이 생각이 옳은지 어떤지를 묻게 했더니, 그 말이 옳다는 대답이었다. 그것으로도 마음이 안 놓인 왕은 마침내 자신이 붓다 앞에 나아가서, 다시 이 사실에 대해 여쭈었다. 그때 붓다가 대답하신 것은 전과 다름이 없었으나, 마지막에 다음과 같은 시를 첨가하셨다.

마음속 두루두루 찾았건마는
저보다 소중한 것 못 만났어라.
이러한 나와 모양 다른 이들도
똑같은 생각을 아마 하리니,
그러기에 제 몸을 아끼는 이는
남을 해함이 없어야 되리.　　　　　　　　　(우다나 5, 1)

불교는 무아(無我)[4]를 가르친다. 그러나 자기에게 무관심하여도 된다는 것은 아니다. 다만 자기만을 지나치게 크게 해석하여 다른 사람은 어떻게 되든 상관없다고 생각하는 태도를 가지지 말라고 이르고 있는 것뿐이다. 자기를 소중히 하는 것이 바로 다른 사람도 소중히 하는 경지의 자기, 그것은 이미 서로 대립함으로써 아귀다툼하는 자기의 경지를 넘어서 있는 것이다. 바꾸어 말하면 한쪽의 이익을 위해 다른 한쪽이 희생되어야 하는 자기는 아니다.

오히려 적극적으로 서로 도움으로써 실현되는 '자기'가 되어야 한다. 이런 이타적(利他的) 실천 윤리의 규범이 있기 때문에 비로소 무아의 사상이 살 수 있는 것이다.

나가세나 당시에는 모든 사물 속에 고정적·불변적인 실체를 인정하지 않는 무아 사상이 성립되어 있었던 듯하다. 이런 무아 사상을 강조한 이면에는 우리가 선천적으로 지니고 있는 집착을 꿰뚫어 보고, 거기에서 떠나려는 노력이 있었음을 잊어서는 안 되겠다. 그렇기 때문에 나가세나도 자기 심경을 메난드로스 왕에게 담담히 말할 수 있었던 것이며, 그것이 메난드로스 왕의 가슴을 치고 마음에 울려서, 존경심을 일으키게 한 것이라고 생각해도 좋은 것이다.

토론 방식

인간의 기본에 관해 날카롭게 주고 받은 다음, 메난드로스 왕

---

4) 나의 실체가 없다는 것. 모든 것은 어떤 조건(인연)의 결합체이며, 따라서 불변하는 자아로서의 실체는 존재하지 않는다는 것.

이 나가세나에게 다시 자기와 토론하자고 할 때 나가세나의 가슴에 일말의 불안이 일었을 터이다. 즉, 불교 신자도 아니고 인도인도 아닌 정복자 그리스 왕이, 앞으로 많은 말이 오가는 중에 지난 번처럼 궁지에 몰리는 일이 생긴다면, 무슨 엉뚱한 짓을 저지를지도 모른다고 생각한 듯하다. 그래서인지 나가세나는 토론에 앞서 그 태도를 문제삼았다.

"대왕이시여, 만약 폐하께서 현인(賢人)의 태도로 토론하시겠다면, 저는 생각한 바를 여쭙겠습니다. 그러나 폐하께서 왕자(王者)의 방식으로 토론하시겠다면, 저는 유감이나마 사양할 수밖에 없습니다." (1.1.3)

메난드로스 왕이 나가세나에게 현인과 왕자의 토론이 어떻게 다른지를 묻자, 나가세나는 이렇게 대답했다.

"대왕이시여, 현인의 토론에는 설명이 있고, 해설이 베풀어지고, 반박이 있고, 시정이 있고, 다시 시비의 구별이 이루어지고, 자세히 추궁하는 일이 있어도, 현인은 그 일로 성내는 일이 없습니다."

그는 말을 계속했다.

"대왕이시여, 그러나 왕자가 토론하실 적에는, 어느 한쪽의 의견을 채택하신 다음, 그것과 견해를 달리하는 자가 있으면, 그것이 누구건 '저 자에게 벌을 주라.'고 명령하십시오."

"존사여, 나는 현인의 방법으로 대답하리라."

메난드로스 왕은 주저 없이 말했다.

"나는 왕자의 방법을 취하지 않겠습니다. 그대는 솔직하게, 승려들이나 사미(沙彌)[5]나 재가 신자나 원정(園丁)과 대담하듯이 말씀해 주십시오. 조금도 겁내실 필요는 없습니다."

메난드로스 왕은 나가세나의 제의를 쾌히 받아들인 것이다. 이 왕이 만약에 권력을 내두르고 자기의 주장만을 고집하는 사람이었다면, 이런 토론이 있지도 않았을 것이다. 또 뛰어난 지성을 지니고 있어서, 나가세나의 말을 쉽게 이해할 수 있었던 까닭에, 자신만만하게 이런 말을 할 수 있는 포용력도 지니고 있었을 터이다.

하기는 자기와 의견이나 사상이 대립하는 사람에 대해 관용의 정신을 가지지 못하는 경우에는, 의견 교환이라든지 토론 같은 것은 처음부터 될 수가 없다. 토론을 하기 위해서는 상대의 입장을 인정해 주는 관용의 정신이 무엇보다 필요하다. 인도의 최대 특징인 관용 정신의 전통이 여기에서도 발견된다.

---

5) 어린 중. 또는 정식으로 중이 되기 전의 준비 단계에 있는 사람. 여기서는 후자의 뜻.

이 관용이란 것은 무엇에 대해서거나 양보하라는 뜻은 아니다. 이를테면 간디의 비폭력 정신은 인도인에 의한 인도 국가를 만들어 내기 위해 사용한 주의였다. 간디는 관용 정신의 대표자처럼 여겨지고 있지만, 그처럼 완고하게 최후의 선을 지켜 간 저항자도 없었다. 거기에는 대단한 비관용의 태도가 나타나 있는 것이다. 따라서 관용을 잘못 해석하면, 거절을 모르는 태만한 정신으로 오해될 우려가 있다. 불교도 과연 그런 의미의 관용한 종교이겠는가? 적어도 나가세나의 태도에서는 그런 점은 조금도 인정되지 않는다.

나가세나는 불교의 근본 사상마저 고쳐 가면서까지 토론하려고는 하지 않았다. 다만 서로 이해함으로써 그 생각의 차이까지도 이해하려고 하는 데 지나지 않는다. 거기에는 자기를 좁게 한정하지 않고, 좋은 것이면 무엇이거나 이해하려는 동시에, 각자가 지닌 입장의 차이는 그것대로 수용해 가고자 하는 태도가 있을 따름이다. 이런 기본적 태도를 확보하고 나서 토론을 계속하려 하고 있는 것이다.

불안과 그 초극

정신적 고뇌의 감정

육체가 있는 동안은 누구나 같은 감각을 느낄 것임에 틀림없다. 미혹의 중생이건 깨달은 사람이건, 그 점에서는 마찬가지일 것이다. 그러나 그 받아들이는 방식이 누구나 똑같을까? 이를테면 고통이니 고뇌니 하는데, 그것은 대체 무엇을 말함일까? 해탈한 사람도 육체적 고통은 있을까? 메난드로스 왕은 이 의문을 털어놓았다.

"존사 나가세나여, 해탈한 사람도 괴로움을 느낄까요?"
"어떤 것에서는 괴로움을 느끼지만, 어떤 것에서는 느끼지 않습니다."

"어떤 때 느끼고, 어떤 때 느끼지 않습니까?"

"대왕이시여, 육체적 고통은 느끼지만, 정신적 고통은 느끼지 않습니다."

"존사여, 어째서 육체적 고통은 느끼지만, 정신적 고통은 느끼지 않습니까?"

"대왕이시여, 육체적 고통이 생겨나는 원인과 조건이 소멸하지 않았으니까 육체적 고통을 느끼는 것이며, 또 정신적 고통을 낳을 원인과 조건이 소멸한 까닭에 정신적인 고통은 안 느끼는 것입니다. 대왕이시여, 붓다께서는, '나는 일종의 고통의 느낌, 즉 육체적인 고통은 느끼지만, 정신적 고통은 느끼지 않는다.'고 말씀하셨습니다." (1,2,4)

인간에게는 갖가지 고통과 고뇌가 있다. 한마디로 '괴로움'이라 한다 해도 사실은 천차 만별일 것이다. 그러나 붓다는 육체가 있는 이상, 그 고통까지는 제거하려 하지 않았다. 만일 육체적 고통이 없어졌다고 하면, 그것은 바로 죽음을 의미한다고 생각해도 좋다. 붓다는 수도 시절, 유명한 난행 고행으로 몸을 괴롭히고 육체를 학대했지만, 마침내 그런 수도가 진짜 인간을 만들어 낼 수는 없음을 깨닫고, 다시 인간 사회에 돌아와 법을 설하시기에 이르렀다. 이 위대한 전환에는 인간은 서로 도와 가면서 살아야 한다는 점이 큰 계기가 되어 있었을 것이다. 이것은 육체적 고통을 직접 문제삼지는 않았다는 것이 된다. 따라서 문제의 중심은 정신적 고통에 있었음이 분명하다.

팔리 어[6]에서는 괴로움을 dukkha, 괴로움의 느낌은 dukkhavedanā라 한다. 괴로움의 원어는 하나지만, 육체적인 괴로움은 고통, 정신적인 괴로움은 고뇌라고 해석해야 할 것이다. 따라서 붓다는 고뇌를 제거하기 위해 온갖 노력을 기울이신 반면, 고통은 당면의 문제로 삼지 않으신 것이 된다.

그러기 때문에 인간 생활의 기본으로서 팔정도(八正道)[7]의 실천을 설하신 것이었다.

돌이켜, 괴로움의 감수(느낌, 받아들임)에 대해 생각해 보자. 인간은 감정의 동물이라고 불릴 정도로 감정에 빠지고 감정에 얽매이며 감정에 굴복하는 일이 많거니와, 그것은 어느 모로 보나 살아가는 자가 지닐 바람직한 태도는 아니다. 감각 기관이 객관 세계에 자극되면 그것에 의해 그대로 받아들여짐으로써, 그대로 떠밀려 가는 수동적 행위가 사실은 감정임에 틀림없다. 감수라는 것도 이 감정을 바꾸어 놓은 말임은 거의 의문의 여지가 없다. 그러나 이 두 가지가 반드시 일치하는 것도 아니다.

붓다의 설법을 인용하여, 나가세나의 대답과 비교해 보자.

"비구니들아, 가르침을 듣지 못한 사람들은 괴로움의 느낌을 감수하여 근심하고, 지치고, 슬퍼하고, 가슴을 치며 울부짖고, 어찌할 바를 모른다. 그들은 두 가지 느낌을 감수하고 있는 것

---

6) 실론·버마 등의 남방 경전에 쓰인 말.
7) 불교의 수행 중 중요한 것 여덟 가지. 정견(正見)·정사유(正思惟)·정어(正語)·정업(正業)·정명(正命)·정정진(正精進)·정념(正念)·정정(正定). 곧 바른 견해·바른 사고·바른 말·바른 행위·바른 생활·바른 정진·바른 생각·바른 선정.

이다. 첫째는 육체적 감수요, 둘째는 정신적 감수다.

이를테면 비구들아, 첫째 화살에 맞고, 다시 둘째 화살에도 맞은 격이다. 그것과 같이 비구들아, 가르침을 들은 제자들은 괴로움의 느낌을 받기는 해도, 근심하는 일도 없고, 지치는 일도 없고, 가슴을 치고 우는 일도 없고, 어떻게 했으면 좋을지 모르는 일도 없다. 오직 그는 한 느낌만을 감수하게 되는 것이다. 그것은 육체적 감수며, 정신적 감수(감정)는 아니다."

비록 아무리 고통을 받는다 해도, 마음이 불쾌하지 않으면 성도 나지 않을 것이다. 가령 불쾌해진다 해도, 언제까지나 그런 기분에 좌우될 것도 아니어서, 훌훌 떨쳐 버림으로써 얽매이는 일이 없다. 해탈의 경지에 있는 사람의 마음은 감정에 의해 침식되는 일이 없는 것이다.

인간은 확실히 객관적 세계(外境)에 대해 수동적인 면이 있다. 그렇다면 수동적인 채 감정에 휩쓸리고 마는 것이 인생을 바르게 사는 것일까? 그러나 인간에게는 또 다른 일면이 있다. 수동적인 동시에 능동적으로 작용하는 이성이 그것이다. 자기를 응시할 수 있는 또 하나의 눈을 지니고 있었던 것이다. 사나운 파도와도 같은 격렬한 감정도 이성의 작용으로 가라앉힐 수가 있다. 이 사실을 붓다는 인격 형성의 과정에서 말하고 있는 것이다.

나가세나가 메난드로스 왕에게 이야기한 내용을 요약해 보면, 인격 형성에 있어서 육체적 고통을 감수하는 것은 인간으로서 어쩔 수 없는 일이겠지만, 정신적 고뇌의 감정은 버려야 한다는 것이다. 그러나 메난드로스 왕은 인도 사람의 표현의 기미가 잘 이해되지 않았던 모양이다. 다시 다음처럼 묻고 있다.

"존사 나가세나여, 그 괴로움을 감수하는 사람은 왜 완전히 편안한 경지(열반)에 들어가지 않는 것입니까?"

"대왕이시여, 수도에 의해 존경받을 만한 경지에 도달한 사람에게는 애호도 없고 혐오도 없는 것입니다. 그 경지에 도달한 사람은 아직 익지도 않은 상태(건강한 몸)로 사라지는 일은 없습니다. 현인은 완전히 성숙한 상태(죽게 되는 상태)를 기다리고 있는 것입니다. 대왕이시여, 법(진리)의 장군이라고 불리던 사리불(舍利弗, Sāriputra) 장로께서는 이렇게 말씀하셨습니다.

'나는 죽음을 기뻐하지도 않거니와, 삶도 기뻐하지 않는다.

마치 고용인이 임금을 기다리듯이, 나도 때가 오기를 기다릴 뿐이다.

나는 죽음을 기뻐하지 않거니와, 삶도 기뻐하지 않는다.

바르게 의식하여 마음에 새겨, 나는 때가 오기를 기다릴 뿐이다.'"

현인은 아무것도 하지 않고, 죽음이 다가오기만을 기다리지 않는다. 하루하루를 소중히 보내야 한다. 오늘 하루를 충실히 산다는 것, 그리고 내일도 충실히 한다는 것, 이리하여 오직 그날그날의 생활에 열중한다면, 죽음을 기다릴 여가도 없으리라. 말하자면 현재를 소중히 여긴다는 것, 거기에 현인의 삶의 중심이 있는 것이다. 자살은 붓다가 가장 싫어하신 일이었다.

수도를 완성하신 붓다도, 돌부리에 걸려 발에 상처가 난다든지, 이질에 걸린다든지 하는 일도 있었다. 때로는 의사의 처방에 의해 설사약을 쓰시기도 했고, 탕약을 잡수신 일도 있었다. 그럼에도

"역시 고통을 느끼는 일은 있어도, 모든 괴로움은 사라졌다."

고 기록되어 있는 것은 이미 앞에서 말한 그대로다.

불교의 기본이 되는 것의 하나는 자기 육체에 집착해서는 안 된다고 가르치는 동시에, 현재의 자기를 충실하게 하기 위해, 적극적으로 행동할 것도 가르치고 있다는 점이다. 자기를 소중히 아는 사람은 타인을 위해서도 생각하고 행동해야 된다. 사회 생활을 기조로 한 불교의 입장이 여기에 있는 것이다.

괴로움의 추구

그런데 출가의 의의는 별도로 치고라도, 인간이 그 목적을 수행하기 위한 시기에 관해 메난드로스 왕은 다음과 같이 물었던 것이다.

"존사 나가세나여, 당신들은 '이 괴로움은 소멸되고, 다른 괴로움은 생기지 않도록 되기를.' 하고 말씀합니다." (1. 4. 4)

인생의 존재하는 모습이 '괴로움'이라고 설하는 것은 이미 붓다의 기본 가르침으로 알려져 있다. 그것은 어디까지나 불교의 실천적 원리로서 그렇게 파악된 것이었다. 메난드로스 왕은 다시 말을 계속했다.

"그것은 미리 노력한 공덕에 의해 이루어지는 것입니까, 아니면 닥쳤을 때 행하는 것입니까?"
"대왕이시여, 닥친 다음에 비로소 행하는 노력이란, 해서는 안 될 일을 하고 있는 데 지나지 않습니다. 미리 행해지는 노력이야말로 해야 할 일을 하고 있는 것이 됩니다."

메난드로스 왕은 비유로 설명해 달라고 함으로써, 더 자세히 이해하려 했다.

"대왕이시여, 폐하께서는 어떻게 여기십니까? 폐하께서는 목이 마르신 다음에 '물을 먹어야지.' 하시면서, 우물을 파게 하고, 저수지를 만들게 하십니까?"
"존사여, 그렇지 않소이다."
"대왕이시여, 그것처럼 닥쳤을 적에 노력하는 것은 사실은 해서는 안 될 일을 하고 있는 것입니다. 미리 행해진 노력이야말로 할 일을 하고 있는 것이 됩니다."
"다시 비유를 들어 말씀해 주십시오."
"대왕이시여, 폐하께서는 어찌 생각하십니까? 폐하께서는 허기를 느끼시고 나서 '무엇을 먹어야 하겠다.' 하시면서, 논을 갈고 벼를 심게 해서, 추수를 하게 하십니까?"

"존사여, 그렇지는 않습니다."

"대왕이시여, 그것과 마찬가지로 닥쳤을 적에 행하는 노력이란, 사실은 해서는 안 될 일을 하고 있는 것입니다. 미리 한 노력이야말로 할 일을 하고 있는 것이 됩니다." (1, 7, 3)

다시 또 하나의 비유가 계속됐다. 그것은 전쟁이 일어난 다음에 성을 쌓거나 훈련을 시키거나 하겠느냐는 비유였다.

인생은 괴로움이라는 생각이 메난드로스에게는 좀처럼 이해가 안 갔던 모양이다. 왜 좀더 명랑하고 즐겁게는 생각하지 못하는 것일까. 죽음의 고뇌 같은 것은 늙은 다음에나 생각해도 충분하다. 그런데도 출가하여 금욕 생활을 하는 건 도대체 무엇 때문일까? 그리스 사람인 왕에게는 특이하게 비쳤을 것임에 틀림없다.

인생을 명랑하고 즐겁게 보내고 싶다. 이것은 인간이면 누구나 바라는 일이다. 사회 생활을 해 나갈 바엔, 사회 기구를 일단 신뢰하지 않을 수 없다. 그러나 돌연히 사고가 일어나고 재앙이 생기는 순간, 말할 수 없는 불안이 엉켜 드는 것도 인생임에 틀림없다. 그리하여 지금껏 신뢰해 온 그 대상이 크게 동요함을 느껴야 된다. 명랑하고 즐겁게 살고자 열망하는 우리 마음에 얼마나 여러 번 어두운 그림자가 스치고 지나가는 것이랴. 불행 없는 인생, 실패 없는 인생, 병이 없는 인생, 그런 인생을 우리는 과연 상상할 수 있겠는가? 우리의 마음을 강인하게 하기 위해서는,

그런 실패가 반복되어야 하는 것일까?

인간에게는 밝고 적극적이며 건강한 마음과, 느낌이 많고 상처 나기 쉬운 병든 마음이 뒤섞여 있다. 거기에다가 지적(知的)으로 되면 될수록 우리는 두렵고 쓸쓸한 감정을 더욱더 느껴야 한다. 우리 마음속에서 불안이 고개를 쳐드는 것이다. 인생을 즐겁다고 느낄수록 그만큼 죽음에 대한 공포도 커 간다. 인생이 불행에 차 있다는 것을 부정할 수 없기에, 사는 것이 괴로워질 수밖에 없다. 이렇게 생을 괴롭다 생각하고 죽음을 두렵다 느끼는 것도 인간이라는 존재의 밑바닥에 불안이 깔려 있기 때문인지도 모른다. 그렇다면 인생을 살아간다는 일은 바로 불안한 존재로서의 자기를 인식한다는 일이 아니겠는가.

괴로움에 관해 설하는 정형구(定型句) 중에, 흔히 4고(四苦)·8고(八苦)라고 불리는 말이 있다..

"태어나는 것은 괴로움이다. 늙는 것도 괴로움이다. 병도 괴로움이다. 죽음도 괴로움이다. 원한 있는 사람과 만나는 것도 괴로움이다. 사랑하는 사람과 헤어지는 것도 괴로움이다. 갖고 싶은 것을 얻지 못하는 것도 괴로움이다. 요약해 말한다면 사물을 형성하는 다섯 요소(五蘊)도 괴로움이다."

처음의 생·노·병·사를 특히 4고라 부르고, 그것에 뒤의 네 가지를 추가해서 8고라 하기도 한다. 이런 것들을 합하여 원시불교에서는, 제 뜻대로 되지 않는 일은 모두 고(苦)라고 했다.

그 고는 현대식으로 불안이라는 말과 바꾸어 놓아도 좋을 것이다. 왜냐하면 우리는 사회 생활을 하고 있기 때문에, 어느 의미에서는 어떤 제약을 항상 받고 있는 까닭이다. 남편이 있다는 것, 아내가 있다는 것, 어린애가 있다는 것도, 때로는 우리를 기쁘게 하여 주거니와, 때로는 괴로움을 안겨다 주기도 한다. 즉 기쁨의 이면에는 슬픔이 깃들어 있는 것이다. 희비가 교차한다는 문구 그대로다. 그러므로 괴로움을 참으로 아는 사람이라면 슬픔이 어떤 것인지도 알 것이며, 슬픔이 무엇인지를 경험한 사람은 또 기쁨이 어떤 것인가를 이해하고 있을 것이다.

붓다의 제자에 사파다사(제3장 참조)라는 사람이 있었다. 그는 25년 동안이나 수도에 온갖 정력을 모두 기울였건만, 마침내 마음의 평정을 획득할 수 없었다. 산다는 것은 무엇 때문이었을까 하고 생각하자, 더 이상 참을 수가 없어서 면도칼을 들어 혈관을 끊으려 했다. 그러나 그 순간 말로 형용할 수 없는 해탈의 경지를 체험할 수 있었다(장로의 시, 450). 이런 예는 테라가타(장로의 시)·테리가타(장로 비구니의 시)에 자신의 고백 형식으로 기록되어 있다. 일단 청정한 심경을 체득한 수도자가 노래한 시들은 실로 끝없이 명랑한 것이 특색이다.

나가세나가 강조한 고뇌, 특히 죽음의 불안은 우리가 예측할 수 없는 어느 지점에서 움직인다. 그런 까닭에 미리 그 불안에 대비할 필요도 생긴다. 특히 수도자는 이 문제와 대결하는 일이 얼마나 중요한가를 메난드로스 왕에게 이해시키려고 나가세나는 애를 썼다.

거문고 뜯는 비유

붓다는 고행을 6년이나 계속한 끝에, 그것을 깨끗이 포기해 버렸다. 그래도 위대한 붓다의 경지에 어떻게든 도달하려는 사람 중에는, 고행에 비상한 관심을 갖고 스스로 자기의 몸을 학대하는 제자도 있었다. 그러나 이렇게 하여도 목적이 이루어지지 않아 초조한 나머지, 환속하여 붓다 곁을 떠나는 자가 있는가 하면, 더러는 스스로 자기 목숨을 끊기도 하였다.

어쨌든 목숨을 걸 정도로 진지한 수도가 제자들 사이에서 행해졌으며, 이런 모습은 경전의 여기저기에 나타난다. 그러나 자살 소동까지 일어나게 되자 붓다도 걱정하셨다. 어떻게 해서건 그런 지나친 행위를 그만두게 하려고 애쓰시는 모습이 경전에 고요한 터치로 그려져 있다. 붓다는 자살하면 안 된다고 엄하게 타이르셨다. 그래도 역시 병에서 오는 괴로움을 못 이겨 스스로 생명을 끊는 자도 있었다. 붓다는 그럴 적에는 부드러운 말로 자살한 사람을 위해 변호해 주는 것이 상례였다.

"그는 이미 해탈해 있었던 것이다."

이것에 대하여는 제3장에서 더 자세히 말하기로 하겠다.
이런 정경을 전해 주는 것에, 거문고 뜯는 비유가 있다.
소나 코티칸나라는 수도자가 있었다. 진지하게 수도에 정진하고 있었건만, 쉽사리 깨달아지지는 않았다. 순간적으로는 그런 경지에 드는 수도 있기는 했으나 오래 지속되지는 못했다. 발이 상하여 피가 철철 흘러도 수도에 힘쓰던 그는 마침내 환속하여 가난한 사람들이나 돌보아 주면서 사는 편이 낫지 않겠느냐고 생각하기에 이르렀다.

그때 붓다는 코티칸나의 심중을 살피신 바 있기에, 친히 그에게 다가가서 말씀하셨다.

"코티칸나야, 너는 거문고의 명수였다고 하는데 사실이냐?"
"그렇습니다, 붓다여."
"그러면 묻겠는데 거문고 줄을 아주 팽팽히 하면 좋은 소리가 나더냐?"
"그렇지 않습니다, 붓다여."
"그러면 아주 너슨하게 하여야 좋은 소리가 나느냐?"
"아닙니다, 붓다여. 거문고로 좋은 소리를 내고자 하면, 줄이 너무 팽팽해도 안 되고 너무 너슨해도 안 됩니다. 적당해야 합니다."

이 말을 들으신 붓다는 그에게 이같이 말씀하셨다.

"수도하는 것도 마찬가지다. 너무 서두르면 마음이 초조해진다. 그렇다고 정진하지 않으면 게으름에 빠지고 만다. 그러므로 극단에 흐르는 일이 없이 적당히 수도하면, 누구나 미혹에서 떠날 수 있게 되느니라." 〈雜阿含經 9. 增一阿含經 19 등〉

이 말씀은 코티칸나의 눈을 뜨게 만들었거니와, 목숨을 건 진지한 수도였기에, 이렇게 절박한 경지에까지도 다가갈 수 있었던 것이며, 또 그 지나침을 고칠 수도 있었다. 중도(中道) 정신이야말로 불교의 실천 윤리임을 알아야 한다. 수도는 건강한 몸을 전제로 한다. 이 이야기를 전주곡 삼아 메난드로스 왕의 질문을 듣자.

괴로움의 극복

"존사 나가세나여, 출가한 승려도 자기 몸을 대견하게 여깁니까?"

"대왕이시여, 출가한 승려는 제 몸을 대견하게 여기지 않습니다."

"그렇다면 존사여, 어째서 당신은 자기 몸을 아끼고, 자기 것이라고 애착하시는 것입니까?"

"대왕이시여, 폐하께서는 싸움터에 나가셨을 때, 화살에 맞으신 적이 있으십니까?"

"존사여, 그런 일도 있었습니다."

"그때 대왕이시여, 그 상처에 연고를 바르고 기름을 치고, 그것을 붕대로 감으셨습니까?"

"그렇습니다, 존사여. 연고와 기름을 바른 다음에 붕대로 감았습니다."

"대왕이시여, 연고를 바르고 기름을 칠하고 붕대까지 감으셨다면, 폐하께서는 그 상처를 대견하게 여기신 것입니까?"

"아닙니다, 존사여. 상처를 대견히 여기는 사람이 어디에 있겠습니까? 나는 오직 새 살이 나오게 하기 위해서, 연고를 바르고 기름을 칠하고 붕대를 감았을 뿐입니다."

"대왕이시여, 그와 마찬가지로 승려도 제 몸을 대견하게 여기는 것은 아닙니다. 출가한 승려는 몸에 대한 애착은 없지만, 청정한 수도를 해가기 위해서 몸을 소중히 합니다. 대왕이시여, 실로 붓다께서는 '몸은 상처와 같다.'라고 설하셨습니다. 그러기에 출가자는 몸에 애착하지 않으면서도, 몸을 상처처럼 소중히 다루는 것입니다."

메난드로스 왕은 출가자의 목적이 어디에 있는지 알고 싶었는지도 모른다. 그러나 얼른 보기에 수도를 위해서는 육신 같은 것은 문제도 되지 않겠지만, 그것에 매우 집착하는 듯이 보이는 면도 있다. 대체 어느 쪽이 참인가? 그리스 사람 눈에도, 인도 특유의 수도하는 태도가 엉뚱한 행위처럼 비쳤는지 알 수 없다.

확실히 바라문 교도들은 죽음이라는 문제와 씨름하느라고 극단적인 고행을 감행하고 있었다. 특히 자이나 교도[8]는 아힘사(살생하지 않는 것)의 정신을 무척 강조해서, 먹으면 작은 벌레마저 죽이게 된다는 생각으로 굶어 죽는 사람까지 나타나기에 이르렀건만, 그런 죽음일수록 오히려 최고의 희생 행위라 하여 아

---

8) 마하비라를 교조로 하는 종교. 불교와 비슷한 점이 있었다.

주 존경의 대상이 되고 있는 형편이었다.

"죽음은 그들의 담화에 매우 자주 나타나는 주제였다. ……
이것 때문에 그들은 죽음을 위한 준비로서 엄격한 규율을 잘
참아냈다."

어느 그리스인의 기행문은 이렇게 지적하고 있다.
그러나 불교에서는 온건한 입장을 취하고 있었다. 그 중에는 인도 일반의 풍조에 따르는 자도 나타나기는 했으나, 그것에 대해서도 붓다는 언제나 경계하기를 잊지 않았다. 불교는 목적을 위해 몸을 소중히 하거니와, 그렇다고 몸에 애착을 가지라고 가르치는 것은 물론 아니다. 수도를 첫째 가는 목적으로 삼는 출가자이기에, 수명이 다할 때까지 몸을 소중히 다룰 뿐이다.

갖가지 모습

인간의 특성

이상하게도, 하기는 별로 이상할 것도 없을지 모르나, 인간이라는 것은 참으로 천차 만별이다. 처음 외국인들을 보면 여러 사람의 얼굴이 모두 같아 보여서 구별이 안 되지만, 그것도 익숙해지면 서로 다르다는 것을 깨닫게 된다. 더욱 같은 나라 사람인 경우, 처음부터 백이면 백이 모두 다를 것은 말할 나위도 없는 일이다. 그뿐이 아니다. 형제간에도 얼굴·성격·키·두뇌에 차이가 있다. 대자연의 묘미를 새삼 느끼게 된다.

그런데 이런 생각은 시대가 아무리 달라도 마찬가지인 모양이다. 이 문제를 메난드로스 왕이 나가세나에게 물었으니 말이다.

"존사 나가세나여, 어째서 사람들은 서로 평등하지 않을까요? 어떤 사람은 단명하고, 어떤 사람은 장수합니다. 밤낮 앓는 사람이 있는가 하면, 좀처럼 병에는 안 걸리는 사람도 있습니다. 어떤 사람은 추하고, 어떤 사람은 아름답기도 합니다. 아주 약골이 있는가 하면, 무시무시한 장사도 있습니다. 어떤 사람들은 아주 넉넉하게 지냅니다. 어떤 사람은 가문이 미천하고, 어떤 사람은 몹시 가난하고, 어떤 사람은 나면서부터 고귀하기도 합니다. 어떤 사람은 어리석고, 어떤 사람은 현명하기도 합니다."

나가세나가 왕에게 반문했다.

"대왕이시여, 어째서 수목은 똑같지 않겠습니까? 왜 과일도 어떤 것은 시고, 어떤 것은 짜고, 어떤 것은 쓰고, 어떤 것은 맵고, 어떤 것은 씁쓸하고, 어떤 것은 달겠습니까?"
"존사여, 그것은 종자가 다르기 때문이라고 생각합니다."
"그것과 마찬가지로, 대왕이시여, 업(業)이 제각기 다르므로, 사람들은 서로 평등하지 못합니다. 그러므로 어떤 사람은 단명하고, 어떤 사람은 오래 삽니다. 어떤 사람은 병이 많고, 어떤 사람은 무병합니다. 어떤 사람은 못생겼고, 어떤 사람은 미끈한 것입니다. 어떤 사람은 약골이고, 어떤 사람은 장사입니다. 어떤 사람은 가난하고, 어떤 사람은 부자입니다. 어떤 사람은 천하고, 어떤 사람은 고귀합니다. 어떤 사람은 어리석고, 어떤 사람은 현명합니다."

업에 대해서는 나중에 따로 언급하려 하거니와, 본래는 행위를 가리키며, 인간의 노력을 강조한 말이었다. 그러나 행위는 반드시 선악이나 고락 따위의 과보(결과)를 가져 온다는 점에서 여러 가지 견해가 성립되어 갔다.

붓다는 『수타니파타』라는 경전에,

"사람은 태어나는 것에 의해 바라문이라 불리는 것이 아니다. 행위에 의해 바라문이라 불린다." (650)

라는 명구를 남기셨다. 인도에 뿌리박고 있는 카스트(계급)를 어떻게 해서건 타파하고자 한 붓다는 정면에서 이를 비판한 것이었다.

인간은 나면서부터 모두 평등해야 된다. 혈통이니 가문이니 종족이니 하는 것을 문제삼아서는 안 된다. 붓다는 이런 이상을 실현코자 교단 안에서는 세속적인 계급 의식을 일체 부정했다. 그러기에 하루라도, 한 시간이라도 먼저 입단한 수도자에게는, 비록 높은 지위나 계급에 속한 사람일지라도 뒤에 출가한 이상에는, 깎듯이 선배로서 섬기게 되어 있다.

"인간에게는 가문에 따르는 차이란 있을 수 없다. 다른 동물은 몸을 받아 태어나는 것에 각기 차이가 있거니와, 인간에게

는 그런 것이 있을 수 없다. 인간에게서 서로 차이가 있는 것은
오직 명칭뿐이다." 〈수타니파타 610〉

또 『장로의 시』에는, 분뇨 치는 것이 직업이었기 때문에 사람들로부터 외면당하고 경멸받던 수니타라는 사람이 교단에 들어온 다음에, 당시의 일을 그리워하면서 회고하고 있는 대목까지 나타나 있다. 그리고 모두가 평등한 처지에서 각자가 반성한 바를 대중 앞에서 이야기하여, 경건한 분위기 속에 의식이 진행되는 모양이 아름답게 묘사되고 있다.

또 이런 것과 관련되는 문제지만, 우리 마음을 즐겁게 해주고 정다움을 느끼게 해주는 기사가 있다. 친히 붓다께서 『증지부경전』에 '제자 중의 제일인자'는 어떤 사람인가를 말씀하신 대목이다.

"제자들아, 이런 사람들은 내 제자 중에서 제일 가는 자들이다. 출가하여 오래된 점에서 제일은 콘단냐다. 지혜의 제일은 사리불이다." 〈增支部經典 1, 1〉

이 기록에는 고운 음성의 소유자로 제일, 탁발(托鉢)[9]에서 제일, 음식 표를 얻는 데서 제일, 침구를 까는 데 제일 따위, 의외로 여겨지는 제일이 꽤 많이 있다. 본인은 모르고 있어도 누군가

---

9) 집집으로 돌아다니며 먹을 것을 얻는 것.

에게 선망의 대상이 되고 있는 면이 사람마다 있다. 그래서 사람들끼리의 사귐이 재미있고 맛이 있는지도 모른다. 다 같은 얼굴, 같은 키라면 재미가 생길 리 없다. 천차 만별인 데에 재미가 있는 것이다.

메난드로스 왕은 외형적인 것까지 질문 대상으로 삼았거니와, 나가세나의 대답은 본질을 오히려 문제로 삼고 있다. 인간이 평등하다는 의식이나, 여성만의 독립된 교단은 서양 고대 사회에 그때까지 없었던 터이므로, 그리스인은 놀라워서 질문도 하였을 것이고, 또 기록에도 남게 된 것이겠다.

한탄

"감정은 상처를 준다. 한탄한다고 죽은 사람은 돌아오지 않는다. 한탄하는 것은 참으로 무익한 일이다. 사람은 비록 백 년이나, 혹은 더 오래 산다 하더라도, 친한 사람들을 잃어야 하고, 자기도 이 세상을 떠나야 한다. 그러므로 성자에게 설법을 들은 사람은, 죽은 사람을 만났을 경우, 자기 힘이 미칠 바가 아님을 깨달아서 마음을 상하지 말아야 한다."

(수타니파타 585, 589, 590)

확실히 한탄하는 따위 희로애락의 감정은 인간만이 지니는 특권임에 틀림없다. 이 특권을 사용해도 된다는 그 사실을 의심할 여지는 없다. 그러나 모두가 함부로 감정을 드러내면서 매일을 살아간다면 더욱 풍파는 커질 것이다. 그러나 사람은 또 하나, 남의 입장을 생각하고 마음을 쓸 줄 알아서, 감정의 물결을 순탄하게 조정해 가기도 한다. 그러나 이런 것이 속에 고이면 인간에게 어둔 그림자를 던져 줄 때도 있다.

슬퍼하는 것이 육친의 정을 나타내는 아름다운 모습인 경우도 있다. 하지만 언제까지나 슬퍼만 하고 있다는 것은 참말로 어버이를 또는 자식을 생각하는 태도라 할 수는 없을 것이다.

아들과 단둘이 살고 있던 어머니가 아들을 잃었다. 어머니는 슬퍼서 죽은 아들을 품에 안고 반 미쳐 거리를 방황했다. 붓다는 그때 제타바나(기원정사)에서 법을 설하고 계셨는데, 거기에 그 어머니가 나타나 자식을 빼앗긴 자기를 구해 달라고 호소했다. 붓다는 그 여인에게 거리에 가서 불씨를 얻어 오라고 일렀다.

"불씨를 얻어 오되, 아직 사람 죽은 일이 없는 집에서 얻어 오너라."

어머니는 한 집 한 집 찾아다니면서 불씨를 얻고자 했다. 그러나 어디에도 사람이 죽은 일이 없는 집이란 없었다. 마침내 지쳐 버린 여인은 두 어깨가 축 늘어져 돌아와 사정을 털어 놓았다. 그제서야 붓다는 너무 집착하고 있는 여인을 부드러운 말로 타이르셨다.

(出曜經 1)

이 정경이 아름다운, 그리고 정에 넘치는 필치로 경전에 기록되어 있다.

인간이 감정에 치우치면, 자기만이 이 세상에서 가장 불행한 것처럼 생각하거나 자기만이 가장 많은 피해를 받고 있는 듯이 오해하기 쉽다. 그런 사람도 자기와 똑같은 처지에 놓인 사람을 만나면 말할 수 없는 반가움을 느끼는 동시에, 피해 의식이 차차 사라져 간다. 그리고 자기와 똑같은 사람이 이 세상에 얼마나 많은가를 이해하게 되면, 자기를 객관에 놓고 냉정히 바라볼 수도 있게 된다. 흔히 자식을 잃은 부모에게 조문 온 사람 중에서, 아이를 잃은 적이 있는 사람의 말처럼 위로가 되는 것이 없다는 고백을 듣는 수가 있다. 상대는 다만 자기 생각에 떠오르는 말을 담담히 늘어놓은 것뿐이었는지도 모른다. 그러나 그 이야기가 당사자의 마음을 중화시키는 구실을 할 수가 있는 것이다.

붓다는 이 작용을 이용하였다. 냉철하게 사물을 바라보고 응시할 것을 은연중 타이르셨다. 하물며 출가하여 수도하는 사람들에게는 인간의 감정을 초월할 것을 추구케 하셨다.

인간인 바엔 감정을 버릴 수 없으려니와, 감정대로 떼밀리지 않는 심경을 체득하는 데 문제가 있었다. 가까운 육친의 죽음에도 흔들리지 않고, 법(진리)의 실천에 힘쓰는 것이 수도자에게 요망된 것이었다. 메난드로스 왕은 이 문제에 관련하여 다음과 같이 물었다.

"존사 나가세나여, 어머니를 잃었기 때문에 슬퍼하는 사람이 있는가 하면, 또 진리를 사랑하기 때문에 눈물을 흘리는 사람도 있습니다. 눈물을 흘리는 이 두 사람 중에서, 어느 쪽이 약이 되고(유익하고), 어느 쪽이 약이 되지 않겠습니까?"

"대왕이시여, 한쪽 눈물에는 탐심과 성냄과 미망(迷妄)에 의해 더러워진 뜨거움이 있습니다. 그리고 다른 한쪽의 눈물에는 기쁨과 즐거움에 넘치는 더러움 없는 냉정함이 있습니다. 대왕이시여, 실로 냉정한 것은 약이 되거니와, 뜨거운 것은 약이 되지 못합니다." (1, 6, 6)

이 두 가지 눈물은 소박한 모습으로 우리 인간의 마음속에 병존한다고 보아야 할 것이다. 어머니를 잃었을 때 우는 그 사람이 어떤 진리를 해득한 순간 다시 진리를 위해 눈물을 흘릴 테니까 말이다.

이것은 수도자도 마찬가지일 것이다. 다른 점이 있다면 둘 중 하나의 눈물을 체험을 통해 극복했을 뿐일 것이다. 그러므로 담담한 나가세나의 말 속에는, 자기의 지난 날을 냉정히 응시하는 태도가 깃들어 있었을 것이다. 이것은 글자나 활자를 통해서는 알 수 없는 점이거니와, 메난드로스 왕은 그의 말투에서 무언가가 마음을 치는 감동을 받았을 것에 틀림없다. 그때 말 이상의 말이 상대로 하여금 그 무엇을 깨닫게 했을 터이다. 신란(親鸞)[10]은 『탄이초(歎異抄)』에서

---

10) 일본 정토진종의 개조(1173~1262).

"나는 일찍이 부모에게 효도하기 위해 염불한 적은 한 번도 없다. 왜냐하면 유정(有情)[11]은 모두 세세생생의 부모·형제인 까닭이다. 그 중의 누구거나, 다음 생(生)에서 성불하여 구제해야 되는 것이다."

라고 술회했다.

부모를 위해서는 한 번도 염불한 일이 없다고 말하고 있지만, 부모를 잊고 대수롭지 않게 여긴다는 의미는 물론 아니다. 부모는 자식에게 모든 희망을 걸고, 자식은 부모의 그늘 밑에 들어감으로써 마음을 놓는다. 그러기에 부자나 모자간의 유대는 끊을래야 끊어지지 않는다. 이런 부자나 모자의 관계가 포개지고 확대된 것이 인간 관계다. 크게 눈을 뜨고 바라볼 때, 모든 사람이 부모요 형제요 자녀인 까닭이다. 그러기에 자기 부모만을 부모로 생각하는 것은 집착이 된다. 인간 관계를 진실하게 추구하고 바로 바라볼 때, 내가 이렇게 여기에서 살고 있을 수 있는 것은, 다른 모든 사람의 덕택임을 알게 되고, 이런 이해가 바로 법(진리)을 사랑하는 것과 연관을 맺게 되는 것이다. 나가세나의 짧은 말을 신란이 부연했다 해도 좋을 것이다. 이렇게 모든 중생을 위해 법을 실현코자 하는 태도의 밑바닥에는 불교 특유의 자비 정신이 흐르고 있으리라.

---

11) 중생. 모든 생물.

인간의 나약성

신뢰

길든다는 것은 무서운 일이다. 무슨 일이건 길이 들었을 때, 가장 사고가 일어나기 쉽다. 자기의 역량이 그것뿐이라는 것을 잊고 모험을 감행하기 때문이다. 모험 자체를 굳이 나쁘다고 할 수는 없으나, 그것도 경우에 따라서다.

종교의 세계에 길이 드는 것은 인간이 지니고 있는 의식을 범하는 결과가 된다. 종교 자체가 인간의 치부(恥部)를 들추어내고, 인간의 약점과 밀접하게 연결되어 있는 까닭이다. 현대식으로 말한다면, 죄의식이건 병든 마음이건 신앙의 양상이건간에, 그 모든 것이 남이 손대서는 안 되는 약한 인간의 은밀한 상처를 비쳐 주는 일인 까닭이다.

자기 행위를 사람들 앞에서 고백하고 참회했다 해도, 인간의 약점을 노출시켜서 그 약점을 희롱하게 되는 것은 아니겠는가. 인간에게는 자기 약점을 사랑하려는 감상적인 일면이 있다. 참회함으로써 자기가 범한 죄악이 적어진다고 생각하기 쉽다. 자기의 비밀을 털어놓으려고 상대를 구하는 것도, 인간이 약하기 때문에 어쩔 수 없는 충동인지는 알 수 없거니와, 그 때문에 자기를 비극적 영웅으로 만들어 버릴 위험성도 있다. 가령 그런 생각이 없다 치더라도, 다소 마음이 가벼워진다는 안이한 타협 밑에, 그 이상의 추궁에는 얼굴을 돌리게 되기 쉽다. 현대처럼 복잡한 사회 구조 속에서는 이상과 같이 생각하지 않을 수 없지만, 고대 사회에서는 사정은 더 단순했을지도 모른다.

"존사 나가세나여, 좋은 행위를 한 복덕과 나쁜 행위를 한 죄악은 어느 쪽이 더 크겠습니까?"

"대왕이시여, 복덕이 더 큽니다. 죄악 쪽은 이에 비겨 아주 작습니다."

"어째서입니까?"

"대왕이시여, 죄를 범한 사람은 '나는 나쁜 짓을 했다.'고 생각하여 뉘우칩니다. 그러므로 악은 자라지 않습니다.

대왕이시여, 이에 반해 복덕을 얻은 이는 후회하지 않습니다. 후회하지 않는 사람은 기쁨이 생깁니다. 기쁨이 있는 사람은 몸이 편안합니다. 몸이 편안한 사람은 행복합니다. 행복한 사람은 마음이 편합니다. 마음이 편한 사람은 무엇이건 진상대로 이해할 수 있습니다. 이래서 복덕은 자꾸 자랍니다.

　대왕이시여, 손발을 잘린 죄인도 붓다에게 한 줌의 연꽃을 바친 것만으로, 91겁(劫)[12] 동안 지옥에 떨어지는 일이 없다고 합니다. 대왕이시여, 그래서 저는 '복덕은 크고 이에 비해 죄악은 극히 작다.'고 말씀드린 것입니다." (1, 7, 7)

나쁜 짓을 했다고 뉘우칠 때, 뉘우치는 사람은 그대로 믿어 준다. 믿음 위에서 인간 관계를 보아 가려는 아름다운 모습이 여기에 나타나 있다. 이면의 이면까지 색안경을 쓰고 바라보려고 하는 현대인은, 인간을 믿고 모든 일을 처리하던 고대 사회의 양식에서 많은 교훈을 얻어야 할 것이다.

　나쁘다고 생각하여 뉘우친 자의 종교적 행위가 비록 아무리 작은 것이라 해도, 그것으로 모든 죄가 소멸될 수 있다는 확신이 있었던 것 같다. 이런 생각은 고대 인도 사회의 통념이며, 보시(布施)[13]는 그런 종교 행위의 대표적인 것이려니와, 현대의 그것은 그것대로 별도의 입장에서 검토되어야 할 것이다.

의식한 나쁜 행위

　나쁜 짓을 해서는 안 된다는 것은 동서 고금을 막론하고 공통되는 도덕상의 명제이다. 그러나 모르는 사이에 저지른 나쁜 행

---

12) kalpa. 무한에 가까운 시간 단위.
13) dāna. 다른 사람을 재물로 돕는 것.

위와 일부러 한 나쁜 행위는 어느 쪽이 더 죄가 무거우냐는 문제가 되면, 시대와 환경에 따라 해석도 달라지기 마련이다.

"존사 나가세나여, 알고 나쁜 짓을 한 자와 모르고 나쁜 짓을 한 자는 어느 쪽이 더 죄가 크겠습니까?"
"대왕이시여, 모르는 채 나쁜 짓을 한 사람이 죄가 더 큽니다."
"존사 나가세나여, 그렇다면 내 왕자와 대신이 모르고 나쁜 행위를 한다면 두 곱 더 무겁게 벌해야 되겠소이다."
"대왕이시여, 폐하께서는 이 일을 어떻게 생각하십니까? 시뻘겋게 단 쇳덩이를 어느 사나이는 모르고 잡았고, 또 한 사람은 알고 잡았다 할 때, 누가 더 많이 데겠습니까?"
"존사여, 모르고 잡은 사람이 더 데겠지요."
"대왕이시여, 그와 마찬가지로, 모르고 나쁜 짓을 한 사람이 죄가 더 큰 것입니다." (1, 7, 8)

현대 같으면 어디까지를 의식이라 치고 무의식이라 치느냐 하는 것부터가 문제되겠지만, 지금은 불문에 붙이기로 한다. 다만 나쁜 줄 알면서 악행을 저지른 현대인과, 자기 행위가 사회에서 나쁘다고 규정되는 줄을 모르고 죄를 범한 현대인이 재판에 회부된다면, 확실히 전자에게 무거운 벌을 내릴 것이다. 그러나 고대 사회에서는 그렇지 않았던 모양이다. 특히 소크라테스의

"알고 악을 행하는 것은 모르고 악을 행하는 것보다 낫다."

는 주장과 바로 보조를 같이하는 것이 되겠다.

알면서 글자를 틀리게 쓰는 사람은 바른 글자를 쓸 수 있는 사람인 것처럼, 의식하고 나쁜 짓을 하는 사람은 바르게 행동할 수도 있는 사람이니까, 무의식중에 행동하는 사람보다 낫다는 것이다. 물론 현대에도 경우에 따라서는 해당할 수도 있으려니와 인간의 의식, 바꾸어 말하면 지혜가 높은 지위를 차지하고 있었던 것은 고대의 인도와 그리스가 꼭 같았다.

구원

구원에 대해 말하지 않는 종교는 없다. 구원을 바란다는 것은 괴로워하는 인간이 자기의 추한 점·약한 점을 드러내어, 모든 것을 크나큰 힘에 일임하는 태도에 있다 하겠다. 그러기는 해도 붓다의 가르침은 엄했다.

악은 하나 짓지 말며(諸惡莫作)
선은 모두 행하거라.(諸善奉行)
제 마음을 맑혀 감이(自淨其意)
부처님들 가르치심!(是諸佛敎)

나쁜 일은 해선 안 되고 착한 일은 해야 한다는 가르침은 어떤 종교, 어떤 도덕에나 통용된다. 적극적으로 착한 행위를 하려 해도 부수적으로 발목을 잡아당기는 것이 계율인 적도 있고 오해인 적도 있고 해서 자칫하면 소극적 행위가 되기 쉽다. 그러기에 '스스로 제 마음을 청정하게 하는(自淨其意)' 일이 이 시의 핵심이 된다.

사람의 사악한 행위는 모두 마음이 사악한 데서 나온다. 그 마음을 깊이 돌아보아야 한다 함은, 사람의 속 깊이 도사리고 있는 마음의 움직임을 똑바로 바라봄으로써 바른 방향으로 가게 하라는 뜻이기도 하다. 속 깊이 숨어 있는 마음의 모습을 응시하라고, 붓다는 엄하게 가르치셨다.

그러기에 원시 불교의 구원은 자신의 노력으로 자기를 구제하는 데 있었다. 이것을 해탈이라고 불렀다. 그러나 그것은 쉽지 않았고, 그 어려움은 특히 재가 신자에게 있어서 더욱 심했다. 사람들은 붓다 앞이나 붓다의 제자들 앞에서 참회하고 가르침을 청하지 않을 수 없었다. 붓다가 돌아가신 후, 붓다를 염(念)[14]하는 것에 의해 구원받고 싶다는 소망이 나타나게 된 것도 자연스러운 귀추였다 할 것이다.

이런 흐름이 이미 『밀린다 왕의 물음』 속에 엿보인다. 악으로부터 떠나고자 아무리 발버둥치고 노력해도, 도저히 떠나지 않는 인간의 숙명! 그것을 구해 줄 수 있는 것은 오로지 붓다뿐이라는 강한 신념이다.

---

14) 마음에 생각하여 잊지 않음.

"존사 나가세나여, 당신은 '비록 백 년 동안 악행을 해도, 임종 때 한 번만 붓다를 염하면, 그 사람은 누구나 천상 세계에 태어나리라.'고 말씀하시지만, 나는 그 말을 믿지 않습니다. 또 '한 번 살생을 해도 지옥에 떨어질 것이다.'라고 하시지만, 나는 그것도 곧이듣지는 않습니다."

"대왕이시여, 이 일을 폐하께서는 어찌 생각하십니까? 작은 돌이라도 배에 싣지 않으면 물 위에 뜰 수 있겠습니까?"

"존사여, 뜰 수 없습니다."

"대왕이시여, 바위가 백 수레분이 있다 해도, 이것을 배에 실으면 물 위에 뜨겠습니까, 어떻겠습니까?"

"존사여, 물론 뜰 것입니다."

"대왕이시여, 착한 행위는 배와 같은 줄을 아셔야 합니다."

죄의식이란, 이것은 죄라고 자기가 헤아린다든지 분별하는 대신, 모든 것을 내던져 버릴 때 바른 모습을 나타낸다. 자기의 헤아림을 버리는 것을 신앙이라고 볼 수 있다. 사람이 붓다를 염하는 것은 인생 최대의 공포나 고통에 떨고 있을 때다. 죽음을 앞에 놓고 사람들은 붓다를 염하고 그 이름을 부르게 되는데, 그때처럼 순수한 마음으로 붓다를 염하는 일은 다시 없을지도 모른다. 한 번 벌레를 죽임으로써 지옥에 떨어지기 안성맞춤인 사람이거나, 또는 백 년 동안이나 두고두고 악업을 쌓아 온 사람이거나 붓다 앞에서는 모두가 평등하여, 오직 한 번이라도 붓다를 염하기만 하면 그 행위 때문에 천상에 태어날 수 있다는 가르침은,

미혹하고 고뇌에 가득 찬 사람들에게는 분명히 크나큰 기쁨이었을 것이다.

이런 생각은 후일 정토종(淨土宗)의 중심 사상이 된다. 그러나 정토종의 염불은 선악을 초월한 행위여서, 지식도 없고 수도에도 정진하지 못하는 어리석은 인간이 한계 상황에 도달했을 때, 빌지 않을래야 않을 수 없는 행위를 말하는 것이다. 염불의 시비는 물을 필요조차 없다. 오직 '훌륭한 어른(붓다)의 분부를 받자와, 믿는 것밖에는 다른 이유가 없는' 당위(當爲)인 것이다. 그때에는 이미 붓다에게 의지하고자 하는 의식조차 없어져서, 다만 취한 듯이 붓다의 이름을 부르며 예배를 볼 따름이다.

『밀린다 왕의 물음』에서 염불을 착한 행위(善業)의 하나로 치고 있는 것은, 정토종 발전의 맹아로 생각되어서 사상사적 의의가 크다. 또 배의 비유도 후일 나가르주나(龍樹)가 수립한 이행도(易行道)[15] 사상과 관련이 있다. 오직 아미타불을 믿기만 하면 되며, 그것은 마치 배를 타고 물길을 가는 것처럼 쉬운 길이라고 설하는 것과 비슷하다 하겠다.

죄의식은 고대 그리스인에게는 인연이 멀었다. 그들은 종교적 의식보다 도덕적 의식을 더 많이 가지고 있었다. 메난드로스 왕의 질문이 이런 데로 번지게 된 이유를 충분히 이해할 수 있다.

그러기는 해도 불교에서 역설하는 죄의식에는 눈에 안 보이는

---

15) 제 힘으로 궁극의 깨달음을 얻기는 매우 어렵다. 이런 난행도에 대해, 불·보살의 이름을 염하는 것만으로 구제되는 길은 비교적 쉬운 일이므로 이행도라 한다. 나가르주나의 『십주비바사론』에서 나온 말. 뒤에 정토종에서는 아미타불의 본원력에 의해 왕생 극락하는 것을 이행도라 했다.

붓다의 자비의 광명이 비치고 있는 것이다. '불청객'이라는 말이 있다. 글자 그대로 청하지도 않았는데 찾아오는 손님이다. 불교의 입장에서 말한다면 이 손님이야말로 붓다라고 할 수 있다. 인생에 실망하든지, 큰 충격으로 재기 불능의 상태가 되고 말았다든지, 가까운 육친을 잃었다든지, 배반을 당해 깊은 상처를 입었다든지 할 때, 어디선지 다가와선 함께 괴로워하고 함께 슬퍼하며, 또는 그 잘못을 부드럽게 깨우쳐 주는 친구가 있다고 하면 그것은 얼마나 반가운 일이겠는가. 아무 것도 청한 일이 없건만, 저쪽으로부터 홀연히 나타나서 잠자코 앉아 있어 주기만 하는 일이 더 없이 우리를 기쁘게 하는 것이다. 혼자라고 여기고 있던 참에, 자기를 지켜 주는 사람이 있다는 것을 발견했을 때의 기쁨은 분명히 인생에 새로운 용기를 북돋아 줄 것이다. 고독감에 빠져 허덕이던 사람의 배후에서 자비로움이 가득한 누군가의 눈이 우리를 지켜보고 있다는 것을 알았을 때, 고독하지만은 않은 자기를 똑똑히 인식하게 된다. 그리고 우리를 지켜보고 있는 눈이란 말할 것도 없이 붓다 그 분이 아닐 수 없다. 이런 불청객의 경지가 '자(慈 ; 사랑)'의 정신이다.

육친 중에서 누가 죽었을 때 가장 슬프더냐고 묻는다면, 그것은 어머니나 아버지의 경우도 아니고, 자기 자식을 잃었을 때라는 대답이 이구동성으로 쏟아져 나올 것이다. 자식을 잃었을 때의 비통한 체험만큼 사람을 변용시키고, 사람을 성장하게 하는 일도 다시 없으리라. 사랑하는 자식의 죽음은 부모에게 무엇을 가르쳤던가. 그 죽음이 거꾸로 생명의 존귀성을 우리에게 가르쳐 주었다. 생명을 소중히 하라고 죽은 자식이 우리에게 무언의 교훈을 던진 셈이 된다. 그때의 죽은 자식은 부모에게 있어 바로 붓다요 선지식(善知識)[16]임에 틀림없다. 그러므로 그 자식에게 합장하는 태도야말로 사랑하는 자식에게 주는 최대의 공양이 될 것이다.

어쨌든 인간으로서의 생생한 체험, 밑바닥에까지 떨어져서 맛본 생활의 비통한 울부짖음, 그것이 승화되어서 인간을 아름답게 길러 가는 것이다. 이런 체험에서 용솟음친 정감이 같은 처지에 있는 타인에게 작용할 때, 이것을 비(悲 ; 가엾이 여겨 공감함)의 정신이라 부른다. 나와 같은 처지에 있는 사람이 하나가 되는 경지를 동비(同悲)라고도 한다. 이런 절대적 자비의 정신이 밑바닥에 깔려 있는 까닭에, 임종 때 한 번이라도 붓다의 이름을 부르도록 만드는 것인지도 모른다.

---

16) 옳은 길로 인도해 주는 지혜 있는 사람.

진실한 지혜

불필요한 지식

불교 교단에서는 교단의 평화를 깨뜨릴 수 있는 행동이 나타날 경우, 그때마다 한 조문의 계율을 제정해 갔다. 위반하는 사람이 없는데도 처음부터 이런 것 저런 것을 예상하여 틀에 박힌 계율을 만든다는 것은 처음부터 붓다의 뜻이 아니었다. 계급 제도에 입각한 인도 일반의 율법을 떠나 인간 평등의 원리 밑에 교단을 만들게 된 것도 그런 특색 때문이라 할 수 있다. 그러나 메난드로스 왕은 바로 그 점에 대해 질문을 계속해 갔다.

"존사 나가세나여, 붓다는 모든 것을 아는 이, 모든 것을 꿰뚫어 보는 이라고 할 수 있습니까?"

"대왕이시여, 그렇습니다. 붓다는 모든 것을 아는 분이시며, 모든 것을 꿰뚫어 보는 분이십니다."

"존사 나가세나여, 그렇다면 어째서 붓다는 제자들에게 배워야 될 규범을 차차 제정해 가신 것입니까?"

"대왕이시여, 이 지상에 모든 약에 대해 알고 있는 의사가 있다고 보십니까?"

"존사여, 아마 있을 것이라 생각합니다."

"대왕이시여, 그 의사는 병이 든 것을 보고 약을 먹입니까, 아니면 병 들기 전부터 약을 먹입니까?"

"존사여, 병든 사람에게 약을 먹이지, 병도 들지 않았는데 약을 먹이는 일이야 어찌 있겠습니까?"

"대왕이시여, 그것과 마찬가지로, 붓다는 모든 것을 아시는 분이요 모든 것을 꿰뚫어 보시는 분이긴 해도, 적당하지 않은 때에 어떤 규범을 제정하지는 않은 것입니다. 때가 왔을 때 제자들에게 한평생 어겨서는 안 될 규범을 제정하신 것입니다."

(1, 6, 2)

수행에 불필요한 것을 많이 늘어놓기만 하는 어리석은 짓을 피하겠다, 지금 출가자의 수도에 소용되는 것만이면 충분하다, 이것이 붓다의 정신이었던 것이다.

이 사실을 뒷받침하는 유명한 이야기가 있다.

어느 날 제자들과 산책하시던 붓다께서는 발 밑에 신사파 잎이 한 개 떨어져 있는 것을 보셨다. 붓다는 제자 아난다(阿難)[17]

에게 신사파 잎을 보이면서 물으셨다.

"아난다야, 이 한 개의 신사파 잎사귀와 저 나무에 있는 신사파 잎사귀는 어느 쪽이 많을 것 같으냐?"

누가 보아도, 다만 한 개뿐인 잎사귀와 나무에 달린 잎사귀라면, 나무의 잎사귀 쪽이 많을 것은 뻔하다. 그러나 붓다가 물으시는 것으로 보아서 무엇인가 까닭이 있을지도 모른다. 아난다는 진지한 표정을 지으면서 대답했다.

"붓다여, 저 나무에 있는 잎사귀가 훨씬 많습니다."
"아난다여, 그와 같이 나는 많은 것을 알고 있으면서도 그 전부를 설하고자 하지 않았다. 왜냐하면 지금 너희들이 필요로 하는 것은 그 중의 극히 적은 부분에 지나지 않기 때문이다. 필요하지도 않은 일을 많이 설해 보았자 혼란만 일으키리라. 그러기에 나는 아주 작은 부분을 설한 데 지나지 않는다. 그 일(그 필요한 극소 부분)에만 전념하는 것이 얼마나 소중한 일인지 모른다."

붓다의 가르침은 언제나 실천과 결부되어 있었다. 필요도 없

---

17) Ananda. 붓다의 십대 제자의 하나. 아난이라고도 함. 붓다의 종제로 출가하여 항상 붓다를 모셨기 때문에 경전 편찬에서 중심이 되었다. 그러기에 대부분의 경전은 아난다를 내세워 그가 들은 내용을 이야기하는 형식을 취하고 있다. 다문(多聞) 제일.

는 지식을 자랑하는 태도를 아주 싫어하신 것이었다.

생명의 응시

"부처님은 오직 나를 위해 법을 설하였다. 다른 사람을 위해서가 아니었다."
〈대지도론〉

붓다와 직접 부딪치려 해도 붓다가 어디에 계신지 몰라서 갈팡질팡하고 있는 것이 미혹된 중생인 사람의 실정이다. 붓다를 찾는다고 엉뚱한 우로를 걷고 있는 것이 인생이리라. 그러나 작은 돌멩이 하나에 발이 걸리는 것만으로도 홀연히 깨달은 중들 이야기가 선(禪)의 어록(語錄)[18]에는 많이 나타나 있다.

인생 길은 고난의 연속이기는 하려니와, 그렇다 하여 하는 일 없이 보낸다는 것은 낭비 이외의 무엇이 되겠는가. 사람은 수수께끼인 인생 자체를 단시일 안에 해결하고자 무리를 해 보아도 그 결과는 뻔할 것이다. 다만 우리가 할 수 있는 것은 목적을 갖는 일이다. 그 목적을 파악하고 실천하기 위해 많은 인생의 숙제를 필연적으로 걸머지는 일이다. 바꾸어 말하자면 문제 의식을 가지라는 것이다. 그렇게 되면 한 문제가 파생적으로 많은 문제를 낳아 가게 된다. 이런 문제 의식이 많은 사람일수록 풍부하고 깊이 있는 사람이다. 그러므로 돌멩이 하나도 큰 정신적 전개를

---

[18] 선의 문답을 쓴 책.

가져올 기연이 되고, 아무렇지 않은 말에서도 새로운 의미를 느낄 수 있는 것이다.

문제 의식을 갖지 못한 사람이, 선의 어록에서처럼 순간적인 전기(轉機)를 지닐 수는 없다. 선에서는 일상 생활이 모두 목숨을 건 대결 같은 기백에 가득 차고, 잡초 한 개에서도 인생의 뜻을 발견하려 한다. 중국에서 전개한 선은 '하루 일하지 않으면 하루 먹지 않는다.'는 말이 상징하듯, 노동에 종사하면서 이루어졌다. 밥을 짓는다든지 채소를 가꾼다든지 땔나무를 해온다든지 하는, 각자의 구실을 담당하는 중에 문답을 주고 받았다. 밭을 갈면서 스승과 제자는 촌철 살인의 날카로운 말을 주고 받았다. 일거수 일투족이 모두 선의 가르침과 연결된 것이었다.

공부라는 말은 원래 선에서 나왔다. 이런 단련이 사람의 사색을 깊게 만드는 것이다. 섣부른 교육이니 지식이니 하는 것은 여기서는 소용에 닿지 못한다. 단련을 통해 어떤 일에건 흔들리지 않는 깊은 사색력을 지닌 사람이 탄생하는 것이다. 이제까지 잡초이던 것이 그 잡초를 매개로 하여 일대 전환 내지 비약을 가져왔다면, 잡초도 붓다의 한 모습이라 할 수 있다. 그러기에 선에서는 스승을 소중히 한다. 스승에 직참(直參)[19]하는 것이 그대로 스승의 배후에 크게 버티고 서 있는 붓다에 직참하는 것이 된다. 그렇게 될 때 붓다와 자기가 직결되며 제삼자의 매개가 필요없게 된다. 붓다는 자기만을 위해 법을 설하고 계시다고 받아들이

---

19) 스승을 직접 만나 가르침을 받는 것.

는 태도가 그곳에야말로 있는 것이라 하겠다. 또 인생의 과제를 걸머지고 경전을 대하여, 자기 고민을 털어놓을 때, 입 없는 경전이 우리에게 말을 시작한다. 그야말로 붓다께서는 나 혼자를 위해 말씀하시는 것이다. 이런 절박한 동기 없이 경전을 외기만 한다면, 그야말로 우이독경과 별로 차이가 없을 것이다.

"아미타불의 5겁 사유의 원[20]을 잘 생각하니, 오직 신란 한 사람을 위하심이었다."

신란의 이 말은 그런 종교적 체험을 또 얼마나 생생하게 전하고 있는 것이랴. 신란의 말의 배후에는 지켜보고 계신 붓다의 예지가 빛나고 있다. 붓다의 예지와, 지식을 일체 포기함으로써 얻어진 신란의 지혜가 하나로 융합해 버린 세계가 전개되고 있다. 이것을 유불여불(唯佛與佛)[21]의 경지라는 것이다. 영원을 응시하는 지혜의 눈이 빛나고 있는 세계(붓다의 세계)를 아는 것이 모든 현상이나 현상의 배후에 있는 이법(理法)을 체득하는 것이 된다. 이것을 지혜(반야)라 한다.

『밀린다 왕의 물음』에서는 이 지혜를 어떻게 다루고 있는가?

"존사 나가세나여, 내세에 다시 태어나지 않는 사람은 바르

---

20) 아미타불이 법장(法藏)이라 불리던 시절, 5겁을 생각한 끝에 48의 대원을 세워 극락 정토를 건설한 일. 『불설무량수경』에 나옴.
21) 부처와 부처만이 이해하는 경지. 부처와 부처가 마주 대하는 것.

게 의식을 향하게 하는 작용에 의해서 다시 태어나지 않게 되는 것이 아닙니까?"

"대왕이시여, 바르게 의식을 향하게 하는 작용과 지혜와 다른 선한 법에 의해 다시 태어나지 않는 것입니다."

"존사여, 바르게 의식을 향하게 하는 작용이야말로 지혜가 아니겠습니까?"

"대왕이시여, 그렇지는 않습니다. 바르게 의식을 향하게 하는 작용과 지혜는 별개의 것입니다. 대왕이시여, 의식을 향하게 하는 작용이란 양이나 염소나 소나 물소나 낙타나 노새에게도 있습니다만, 지혜라는 것은 동물에게는 없는 것입니다."

내세에 다시 태어난다는 생각은 인도에 예부터 있어 온 윤회 사상에서 나온 것이다. 죽은 자는 다음 세상에 다시 태어나게 되지만, 그 사람의 행위에 따라 동물이 되기도 하고 사람으로 태어나는 수도 있어서, 다시 그 괴로움에 가득 찬 생활을 되풀이해야 한다는 것이 윤회 사상이거니와, 법(진리)의 실천자는 윤회의 세계를 떠나 깨달음의 세계에 태어남으로써, 다시 삶을 반복하는 일이 없다고 불교에서는 말한다. 다시 태어나지 않기 위해 냉정하게 사물을 바라볼 수 있는 눈을 수도에 의해 체득해야 한다고 강조하고 있다. 해탈의 상태를 말을 바꾸어서 이야기한 것이라고 볼 수 있다. 다시 토론은 계속된다.

"존사여, 의식을 향하게 하는 작용은 무엇을 특징으로 하고,

2. 어떻게 할 것인가

지혜는 또 무엇을 특징으로 하고 있습니까?"

"대왕이시여, 의식을 향하게 하는 작용은 이해를 특징으로 하고, 지혜는 절단(切斷)을 특징으로 합니다."

"어째서 그렇게 말씀하십니까? 비유로 말씀해 주시기 바랍니다."

"대왕이시여, 폐하께서는 보리 베는 사람을 보신 적이 있으십니까?"

"물론입니다, 존사여. 여러 번 보았습니다."

"그렇다면 대왕이시여, 농부는 보리를 어떻게 벱니까?"

"존사여, 왼손으로 보리를 잡고, 오른손에 든 낫으로 보리를 벱니다."

"대왕이시여, 마치 농부가 왼손으로 보리 포기를 잡고서 오른손에 든 낫으로 그것을 베듯, 수도자는 의식을 향하게 하는 작용으로 마음을 이해하고 지혜로 번뇌를 절단합니다. 대왕이시여, 이와 같이 의식을 향하게 하는 작용은 이해를 특징으로 하고, 지혜는 절단을 특징으로 하는 것입니다." (1, 1, 8)

의식을 향하게 하는 작용이란, 여러 잡념이 생겨날 때 주의를 어느 중심점으로 향하게 하여 마음을 긴장하게 하는 작용을 가리키는 말이다. 그러나 그런 작용은 양이니 소니 하는 동물에게도 있으나, 목슴을 응시하는 지혜는 인간만이 가지는 특질이라고 나가세나는 말한 것이다. 더욱 이 두 가지가 서로 도와 깨달음에 도달하려는 활동이 이루어지고 있음을 보리 베는 양손에 비유해서 설명하였다. 깨달음(보리)에 이르기 위해서는 자칫하면 엉뚱한 데로 흐르려 하는 정신의 움직임을 항상 조정하는 마음의 작용(왼손)과, 나를 움직이게 하고 있는 이법(理法)이라고나 해야 될 지혜(오른손과 낫)가 있어야 비로소 완성할 수 있다고 말한 것이다.

여기서도 나가세나는 불교를 실천하는 입장에 서서 자기를 냉정하게 객관적으로 바라보고, 마음의 움직임까지도 응시하려 하고 있다. 이에 대해 메난드로스 왕의 질문은 한 이론으로서 비슷한 불교 술어를 나열하여 그 차이점을 밝히려 한 것에 지나지 않는다.

지혜가 절단을 특징으로 한다는 비유는 대승 불교의 반야 사상을 설하는 경전과 일치하는 데가 있다. 『능단금강반야경』이 그것이니, 원어 바즈라체디카(Vajracchedikā)는 '다이아몬드마저도 단절할 수 있을 정도의 지혜'라는 뜻인 까닭이다. 지혜는 우리의 그릇된 양상을 절단하는 것에 의해 광채를 발해 간다. 이 사실을 나가세나는 다른 토론에서도 말하고 있다.

"존사 나가세나여, 모든 미세(微細)한 것을 절단할 수 있다는 말입니까?"
"그렇습니다, 대왕이시여, 모든 미세한 것을 절단할 수 있습니다."
"존사여, 그렇다면 모든 미세한 것이란 무엇입니까?"
"대왕이시여, 모든 미세한 것이란 법(法)을 말합니다. 그러나 법의 모든 것이 미세하다는 것은 아닙니다. 대왕이시여, 미세한 것이라 하고 혹은 큰 것이라 할 때, 그것이 바로 법의 동의어(同義語)가 됩니다. 절단해야 할 모든 것은 지혜로 절단합니다. 지혜를 절단하는 것은 존재하지 않습니다." (1, 7, 13)

모든 사물에는 미세한 내용의 것도 있고 큰 성경의 것도 있거니와, 궁극적인 지혜에 의해서만 미혹된 생존 양상을 나타내고 있는 일체의 법은 절단된다는 것이다. 지혜로만 번뇌를 끊을 수 있다는 생각은 원시 불교가 지닌 커다란 특징이다. 그리스인도 지혜를 사랑하고 있었음은 이미 앞에서 말하였다.

지혜를 깊게 하는 것(1)

지계(持戒)

 영원을 응시하는 지혜가 가장 궁극적인 것임은 말할 나위도 없는 일이거니와, 그 지혜를 도와서 인간에게 깊이를 주는 작용이 인생의 과제로 서술되기에 이른다.

> 치수(治水)하는 이는 물을 이끌고
> 화살 만드는 이는 살대를 바르게 하고
> 대목은 목재를 다듬고
> 어진 이는 자기를 제어한다. (法句經 80)

 인도답게 홍수 이야기가 나왔다. 그러나 인도에 한한 일이 아니라 어느 나라에서나 또는 어느 시대이거나 치수 대책은 빠뜨릴 수 없는 국가의 대사임에 틀림없다. 수해를 막기 위해서는 물길을 터놓아서 물이 잘 빠져나가도록 조정하는 수밖에 없을 것이다. 또 대목은 목재를 생긴 대로 이용해서 무엇을 만드는 것이 아니다. 그는 온갖 신경을 써 가면서 톱으로 자르고 대패로 밀고 한다. 그렇게 함으로써 목재가 목재로서 제 구실을 하게 되는 것이다.

그러나 무엇보다도 어려운 것은 자기가 자기를 조정하는 일이다. 이것을 위해서는 평소에 언제나 자기를 감시하고 자기를 채찍질하는, 끈질긴 극기(克己)가 필요하다. 불교에서 그것에 해당하는 것을 찾자면 계율일 것이다.

"존사 나가세나여, 당신은 '다른 선한 법에 의해'라고 하셨거니와, 그 선한 법이란 대체 무엇입니까?"
"대왕이시여, 지계·신앙·노력·전념·정신의 통일, 이런 것들이 선한 법입니다."
"존사여, 지계는 무엇을 특징으로 합니까?"
"대왕이시여, 지계는 모든 선법(善法)을 확립하는 것을 특징으로 합니다." (1,1,9)

이렇게 말한 나가세나는 실천하고 수행할 덕목(德目)을 열거한 다음, 지계가 확립된 사람에 있어서는 선법이 감소하는 일이 없다고 역설했다. 비유하자면 어떤 식물이든 그것이 생육 번성하기 위해서는, 대지에 의존하고 대지에 확고하게 뿌리를 박고 있어야 하는 것과 같다는 것이다.

"대왕이시여, 비유로 말씀드리자면 건축가가 도시를 건설하려고 하면, 우선 도시를 만들 처소를 깨끗이 하고, 나무 포기나 가시덤불 같은 것을 제거하고 난 다음, 차도나 시가의 구획이나 십자로의 구분을 계획하여 도시를 만드는 것과 같습니다. 대왕이시여, 그것과 마찬가지로 수행자는 지계에 의존하고 지계에 의해 확립되어 있어서 다섯 개의 제어하는 기능, 즉 신앙 · 노력 · 전념 · 정신의 통일 · 지혜 따위의 기능을 계발한 것입니다."

이 비유는 인도의 역사적 일면을 전해 주고 있어서 매우 흥미롭다. 고대 인도의 도시 건설은 먼저 도로부터 만들어 갔음이 판명되었다. 도로를 중심으로 구획을 정하고 나서, 작은 운하를 파고, 공동의 빨래터를 설치했던 것이었다. 비유는 그 태반이 실제로 목격한 일을 예로 삼는 데에 설득력이 있다. 따라서 이 비유는 역사적 사실로 해석해도 좋을 것이다.

현대인에게는 교활한 점이 있다. 실천해야 마땅할 일도 처음부터 자기는 실천할 수 없다고 못박아 버림으로써 약한 자기를 상품화시키고, 그 약한 자기를 자각하고 있는 까닭에 자기는 지식인이라고 내세우려 드는 것이다. 해야 할 일을 어디까지나 해 나감으로써, 자기를 한계 상황까지 밀고 가다가 그래도 어쩔 수 없을 때 비로소 자기를 내던져 버리는 그런 노력이 모자란다.

도겐(道元)은 한계 상황을 강하게 주장하여, 그 다음의 귀추는 절대자의 판정에 맡기면 된다, 뒷 문제까지 생각할 필요는 범부인 우리에게는 없다고 명확히 단정하였다.『정법안장』의 '생사의 장'에 기록되어 있는 '부처님의 집에 집어넣어서…….' 운운한 말은 이것을 말함이다.

지계의 정신은 도겐의 말 속에 매우 잘 나타나 있다. 엄격함이 부족한 현대인에게는 지계의 정신이 더 강조될 필요가 있을 것이다.

신앙

"믿음은 바로 도(道)의 시작이요 공덕의 어머니. 일체의 선법(善法)을 증장(增長)[22]하고, 일체의 의혹을 제거하여, 최고 지상의 도를 나타내고 개발하는 것."　　　　　　　(華嚴經 賢首品)

붓다의 가르침을 듣고 이해함으로써, 그것밖에는 의지할 데가 없다고 느낄 때 마음이 밝아 오는 믿음이 성립된다. 그러나 이런 신앙만으로 모든 것이 끝나는 것은 아니다. 붓다의 도에 들어가는 일은 이런 믿음에서 시작되지만, 그것은 어디까지나 시작과 출발을 뜻하는 데 지나지 않는 까닭이다. 마땅히 해야 할 일들이

---

22) 커지고 자라나는 것.

이때부터 시작되는 데 불과한 것이다. 문자 그대로 '믿음은 도의 시작'이다.

붓다를 절대적으로 신뢰한다는 것은 작은 자기를 거기에 내던져 모든 것을 맡겨 버리는 일이며, 사실 이렇게 자기를 내던져 버릴 때처럼 자기가 강해지는 일도 없다. 그는 능히 다른 사람들의 좋은 의지처가 되어 줄 수도 있는 것이다. '공덕의 어머니'라 함은 신앙의 이런 활동의 양상을 가리킨다. 더욱이 멀기는 하지만 이상을 향하는 길이 한 걸음 한 걸음 걸을 때마다 똑똑히 보여서, 착실히 그 길을 걸어가고자 하는 견고한 마음이 생기는 것이다.

메난드로스 왕은 불교 신앙이 갖는 양상에 대해 알고자 했다.

"존사 나가세나여, 신앙은 무엇을 특징으로 삼습니까?"
"대왕이시여, 신앙은 맑게 하고 고요하게 하는 것을 특징으로, 또 비약을 특징으로 합니다." (1, 1, 10)

여기서 신앙의 두 가지 특징에 대해 비유로 설명이 시작된다.

왕이 군대를 이끌고 행진하다가 개울을 건넜다 하자. 코끼리 부대와 기마대·전차대·보병들이 건넜으므로, 개울물은 탁해질 대로 탁해졌다. 그러나 왕은 목이 말랐다. 신하들은 왕만이 지니고 있는 여의주를 물에 던졌다. 물은 금시에 맑아졌다.

여기서 탁한 물은 번뇌를, 여의주는 진실한 신앙을 상징한다. 이 비유에서와 같이 신앙은 번뇌를 가라앉힘으로써 마음을 청정하게 한다는 것이다.

원시 불교에서는 신앙에 관해 두 가지 점을 강조했다. 하나는 '신뢰하는 일'이었다. 붓다의 인격에 접하고, 말씀하신 가르침에 귀를 기울여 마음으로부터 이해함으로써 붓다에 귀의하고, 붓다가 설하신 법(진리)에 귀의하는 일이다. 그러나 신앙은 판단이 아니다. 더구나 이성으로 이루어지는 어떤 분별일 수는 없다. 그러므로 신뢰한다는 것은 절대자에게 자기의 모든 것을 일임하는 태도를 말하는 것이 된다.

이렇게 신뢰하는 일을 옛날부터 문신(聞信 : 듣고서 믿음)이라 불렀다. 원어인 saddhā를 오역한 것이긴 하나, 귀를 기울이는 동적(動的)인 행위를 특징으로 포착한 것이라고 보면, 멋있는 오역이라고도 할 수 있겠다. 사실 수행자는 문(聞 : 가르침을 듣는 것)을 최초의 덕목(德目)으로 받아들이지 않을 수 없을 것이다. 그러기에 문은 가르침을 믿는다는 뜻으로도 자주 쓰였던 것이다.

또 하나 신앙에서 강조한 것은 '정신(淨信)'이었다. 붓다의 가르침을 들었던 사람들이 매우 청정한 심경에 도달했던 것도 사실이었을 것이다. 경전에는 붓다가 설법을 끝냈을 때, 대중은 기쁨으로 용약하고 청정한 상태가 되었다고 곧잘 기록되어 있다. 그런 일을 한역 경전에서는 자주 정신이라고 번역했었다.

"믿음은 마음을 맑게 한다."　　　　　　　　　　　　(俱舍論 4)

고 적혀 있는 그대로다.

　신앙은 판단이 아니라고 앞에서 말했다. 그러나 붓다의 설법이 바른 이해와 바른 분별 위에 신앙을 확립하려고 했던 것도 엄연한 사실이다. 사람이 노력하다가 막바지에 가서, 판단을 버리고 비약하는 일이 요청되기는 하려니와, 처음부터 판단을 버리고 믿으라는 법은 있을 수 없다. 그러므로 가르침을 바르게 이해하고, 이 가르침이야말로 반드시 궁극의 깨달음으로 이끌어 줄 것이라는 것을 확신함으로써, 붓다에 귀의하는 생활이 시작될 수 있는 것이겠다. 그때 진실한 지혜의 눈도 열려 가게 되는 것이다.

　신앙의 둘째 특징으로 비약을 든 바 있었거니와, 그것을 비유를 들어가며 메난드로스 왕에게 설명하여 갔다.

　이를테면 수행하는 사람이 해탈한 남을 보고 자기도 해탈의 경지로 비약하고자 하여 수도하듯이, 신앙은 비약을 특징으로 삼는다. 다시 비유를 들자면 큰 비가 내려 개울물이 범람했다 하자. 마침 이곳을 지나던 많은 사람들이 물의 깊이를 몰라서 망연자실하고 있을 때, 그 물에 대해 잘 아는 사람이 나타나서 물을 건넌다면, 다른 사람들도 마음을 놓고 개울을 건너가게 된다. 그런 특징을 신앙은 지니고 있다는 것이다.

　고요한 면만이 신앙의 전부는 아니다. 그 사람의 경건한 신앙이 다른 사람들에게도 파급되어 같은 길을 걷게 하는 적극적인 활동도 신앙에는 있는 것이다. 앞의 비유는 바로 그런 의미를 나타내고 있다고도 보인다.

나가세나는 경전의 시편(偈)을 메난드로스 왕에게 소개하고, 신앙에 대한 토론을 끝냈다.

> 믿음에 의해 사나운 물(번뇌) 건너고
> 꺾임이 없는 행위 바다를 건너고
> 노력에 의해 고뇌를 뛰어 넘고
> 지혜에 의해 청정해지는도다.

신앙이 출발이라면 지혜는 궁극의 경지가 될 것이다. 나가르주나는 같은 뜻을 이렇게 나타내고 있다.

"불법의 대해는 믿음으로 능입(能入)을 삼고, 지혜로 능도(能度)를 삼는다."

능입이란 능히 들어갈 수 있다는 것이요, 능도는 잘 건너갈 수 있다는 뜻이다. 뻔한 일이기는 하지만, 그 뻔한 일이 여간해서는 실천되지 않는 우리로서는 이 도리를 항상 맛보고 돌아봄이 있어야 할 것이다.

지혜를 깊게 하는 것(2)

노력

사람에게는 각자 특기가 있다. 붓다의 제자에 부루나(富樓那, Pūrṇa)라는 말 잘하는 사람이 있었다. 사람들은 모두 그를 설법의 일인자라고 불렀다.

어느 날 부루나는 붓다 앞에 나타나, 인도의 서쪽에 있는 나라에 전도하러 가겠으니 허락해 달라고 청했다. 그것은 듣기만 해도 아득한 먼 나라요, 야만국으로 이름이 높은 고장이었다. 그 나라를 스스로 찾아가서 법을 전하겠다는 것이었으므로 모두 깜짝 놀랐다. 붓다는 부루나를 바라보시면서 천천히 말씀하셨다.

"내가 듣기에, 그 나라 사람들은 사납고 흉악해서 남을 욕하고 창피주는 일을 예사로 한다더구나. 만약 그 나라 사람들이 너를 욕한다면, 대체 너는 어쩔 셈이냐?"

부루나는 이렇게 대답했다.

"비록 그 나라 사람들이 저를 욕한다 해도, 그들에게 얼마라도 착한 점이 있고 지혜가 있다면, 손이나 돌로 저를 때리지는 않을 것입니다."

"부루나야, 만약 그들이 손이나 돌로 너를 때린다면 어쩔 셈이냐?"

"붓다여, 설사 그들이 손이나 돌로 때린다 해도, 설마 칼까지는 쓰지 않을 것이라 생각합니다."

"만일 그 나라 사람들이 칼로 너를 해치려 들면 어떻게 하려느냐?"

"비록 칼로 저를 해한다 해도, 그들에게 착한 마음과 지혜가 있다면, 저를 죽이기까지는 아니 할 것이라 생각합니다."

"그러나 만약 그들이 네 목숨을 뺏는다면 어쩌려느냐?"

"붓다여, 만약 그 나라 사람들이 제 목숨을 뺏고자 한다면, 저는 이렇게 생각할 것입니다. 도를 닦는 붓다의 제자 중에는 근심 많은 육체가 싫어진 나머지 스스로 목숨을 끊는 사람도 있었는데, 이 나라 사람들은 착하고 지혜롭기 때문에 내 썩어 빠진 육신을 죽임으로써 나를 이 세상 고뇌로부터 해방시켜 주는 것이라고 생각할 것입니다."

이때 붓다는 기뻐하시며 친절히 말씀하셨다.

"잘 말했다. 우리 부루나야! 너는 도를 잘 닦음으로써 참고 견디는 마음을 체득했다. 너만이 서쪽 스나파란타 국에서 능히 견디어 낼 수 있으리라. 너는 곧 가서 마음이 편하지 못한 사람들을 구하고, 깨닫지 못한 사람들을 깨달음에 도달하도록 하여 주려므나."
(雜阿含經 11. 中部經典 145)

이 말에 힘을 얻은 부루나는 오백의 신자를 얻고 많은 절을 지어, 전도의 목적을 훌륭히 이루었다고 한다.

부루나는 본래부터 설법하는 데 뛰어났던 것일까? 반드시 그렇지도 않았을 것 같다. 어떻게 하면 상대가 이해하여 줄까 하고, 언제나 상대의 입장을 이해하며 이야기하는 방식을 연구한 것은 아니었을까? 이런 노력이 부루나의 화술을 교묘하게 했다고 할 수 있거니와, 그것보다도 더 큰 원인이 있었다고 생각된다. 그것은 진실을 말한다는 점이었을 것이다. 아무리 말솜씨 없는 사람이라도 진실을 호소하려고 애쓸 때는, 듣는 사람에게 반드시 감명을 주게 된다. 청중도 그 더듬는 말씨에 귀를 기울이게 된다. 아무리 말솜씨 없는 사람이라도 이런 진지한 태도로 이야기를 하다 보면, 저절로 유창한 화술이 생겨나게 될 것이다. 부루나가 설법 제일이 될 수 있었던 최대의 원인은 여기에 있었는지도 모른다. 붓다의 다른 제자들이 자기 수도에 전력하면서 재가 신자나 후배에게 붓다의 가르침을 쉽게 해설해 주는 일을 뒷

전에 돌리고 있을 때, 그런 사람들과 자기를 하나로 보려고 한 사람이 이 부루나였던 것은 아닐까?

이 부루나가 인도의 서쪽에 치우쳐 있는, 야만으로 소문난 나라에 가서 전도하겠다고 나선 그 결의조차 여간한 것이 아닌 터인데, 붓다와 전술한 바와 같은 대화를 교환했다는 것은 매우 훌륭한 행위라 아니 할 수 없다. 그 진지한 결의와 노력이 많은 귀의자를 얻고 절을 지을 수 있게 한 기초가 되었을 것으로 짐작된다.

이런 노력에는 어떤 특징이 있을까 하고 메난드로스 왕은 생각한 모양이다.

"존사 나가세나여, 노력(정진)은 무엇을 특징으로 합니까?"
"대왕이시여, 노력은 지탱을 특징으로 합니다. 노력으로 지탱되는 모든 선법(善法)은 무너지지 않습니다." (1.1.11)

이를테면 집이 넘어가려 할 때 목재를 가져다가 그 집을 버틴다면, 그것 때문에 집이 넘어가지 않는다. 그런 구실을 노력이 하고 있다고 말하고, 나가세나는 다시 비유를 들었다.

"대왕이시여, 이를테면 대군과 소군이 대치했을 경우, 소군 쪽 왕이 다른 나라 군대와 연합함으로써 군대를 증강한다면, 넉넉히 대군을 격파할 수 있을 것입니다. 그것과 마찬가지로 대왕이시여, 노력은 지탱을 특징으로 합니다. 노력으로 지탱되는 모든 선법은 무너지지 않습니다. 대왕이시여, 붓다께서는

'출가한 수도자들아, 노력하는 수행자는 악을 버리고 선을 닦으며, 죄를 버리고 완전한 것을 구한다. 이런 노력이 자기를 청정하게 지탱해 주느니라.' 이렇게 설하셨습니다.

노력 없이 인생을 생각하는 것은 불가능하다. 그런데 불교에는 체념의 사상이 있는 것처럼 여겨지고 있다. 하지만 이것은 불교 본래의 것은 아니다. 불교에서는 어디까지나 명확하게 사물을 응시할 것을 강조해 왔다. 하기는 불교에 제관(諦觀)이라는 말이 있다. 그러나 이것은 '똑똑히 본다.'는 뜻이지 체념한다는 의미는 아니다. 제청(諦聽)이라는 말도 있어서 '똑똑히 듣는다.'는 의미를 지닌다. 경에는 흔히

"똑똑히 들어라(諦聽), 너희들은 이 일을 잘 생각하라."

라고 기록되어 있다. 체념 분위기는 결코 불교 본래의 것이 아니다. 우리는 이상을 향해 한 걸음 한 걸음 착실하게 노력해 가야 할 것이다. 노력하여 뉘우침 없는 인생을 사는 것이야말로 얼마나 장한 것이랴.

붓다는 뛰어난 노력가였다. 고행하신 일도 있고, 그 고행이 잘못임을 깨닫자 곧 고쳐서, 자기의 깨달음의 경지를 남들에게도 나누어 주시려 노력하셨다. 80년이란 긴 세월 동안, 나라와 나라, 거리와 거리를 돌면서 법을 설하신 붓다! 병으로 고생하시면서도 계속 법을 설하신 붓다! 바로 노력 그것이었던 붓다께서는

마지막 교훈으로,

"만들어진 것은 무엇이나 변한다. 부지런히 힘쓰라."

는 한마디를 남기신 것이었다. 노력이야말로 영원한 것을 찾아내는 지주(支柱)임을 알게 해 준다.

전념

노력이 제일이라 해도, 무엇에건 모든 일에 대해 노력한다는 것은 불가능하다. 하나의 목표를 정하고 그것에 전념함으로써만 노력도 효과를 발휘하게 된다. 메난드로스 왕이 노력 다음 문제로 전념(專念)에 대해 질문하게 되는 것은 당연한 순서다.

"존사 나가세나여, 전념은 무엇을 특징으로 합니까?"
"대왕이시여, 전념은 계량(計量)을 특징으로 하고, 또 유지를 특징으로 합니다."
"존사여, 어째서 전념은 계량을 특징으로 한다고 하십니까?"
"대왕이시여, 전념할 때에는 선과 악, 죄와 결점 없는 것, 비천한 것과 고귀한 것, 흑과 백 같은 상대적인 것을 계량하게 됩니다. 바꾸어 말하면 이것들은 네 가지 전념의 확립이다, ……이것은 성스러운 여덟 가지 도(八正道)다, 이것은 적정(寂靜)이다, 이것은 통찰이다, 이것은 밝은 지혜다, 이것은 해탈이다

하고 계량하는 것입니다. 그래서 정신을 집중하여 수도를 하는 사람은, 실행해야 될 일을 실행하고, 실행해서는 안 될 일을 실행하지 않으며, 받들어야 할 일은 받들고, 받들어서는 안 될 일은 받들지 않게 됩니다. 대왕이시여, 이렇게 전념은 계량을 특징으로 하고 있습니다." (1, 2, 12)

다시 나가세나는 왕에게 이만한 코끼리 부대, 이만한 기마대, 이만한 전차대, 이만한 보병, 이만한 황금, 금화, 보배가 있는 것을 기억시키고자 왕의 재산을 계량하는 것과 같다고 비유를 말했다. 메난드로스 왕은 또 하나의 특질에 대해 물었다.

"존사여, 어째서 전념은 유지를 특징으로 한다 하십니까?"
"대왕이시여, 전념하게 될 때에는 이익과 이익되지 않는 것을 찾게 됩니다. 바꾸어 말씀드리자면 이런 일은 이익이 되고 이런 일은 이익이 안 된다, 이런 것은 도움이 되지만 이것은 도움이 안 된다고 가리게 되는 것입니다. 그래서 정신을 집중하는 수행에 든 사람은 이익이 되지 않는 일은 하지 않고 도움이 되는 일은 해나갑니다. 대왕이시여, 이렇게 전념은 유지를 특징으로 합니다. 대왕이시여, 붓다께서는, '출가한 수행자들아, 나는 모든 곳에서 전념만을 설하느니라.'고 하셨습니다."

한 일에 전념하고 있는 사람처럼 아름다운 것도 없으리라. 문자 그대로 침식을 잊고 한 일에 집중하고 있는 사람을 보았을 때, 감동하지 않을 수 없었던 경험을 지니고 있는 사람도 많이 있을 것이다. 이 사실을 뒷받침하는 유명한 이야기를 들어 좀더 생각해 보기로 하자.

붓다의 제자에 츄라판타카(周利槃特)라는 사람이 있었다. 어찌 된 셈인지 원래 어리석어서, 많은 제자들과 몇 년이나 함께 수행하면서도 단 한 편의 시(偈)도 외지를 못했다. 처음부터 그를 편들어 주던 마하판타카라는 형마저도,

"너는 어쩔 수 없으니, 그만두고 집으로 돌아가라."

고 꾸짖었으므로, 낙담하여 울고 있는 그에게 붓다께서 다가와 물으셨다.

"너는 왜 울고 있느냐?"

사정을 듣고 난 붓다께서 말씀하셨다.

"너는 자기가 어리석다는 것을 깨달은 것만 해도 훌륭한 일이다. 이것 저것 하려고 해서는 안 된다. 너는 이 비를 들고 날마다 뜰을 쓸어라. 그리고 다른 일은 하나도 하지 말아라. 다만 비질을 하면서, '먼지를 쓸리, 때를 씻으리.' 이 말을 되풀이하거라."

이 단순한 행위를 날마다 반복하던 츄라판타카는, 어느 날 퍼뜩 이런 생각을 했다.

'붓다가 나에게 가르쳐 주신 말씀은 대체 어떤 먼지를 쓸고 어떤 때를 씻으라는 뜻일까? 먼지란 마음의 먼지요, 때란 마음에 낀 때가 아닐까? 사람들은 모두 마음에 먼지와 때가 있을 것이다. 그렇다면 내 먼지를 쓸고, 내 마음의 때를 씻는 일이야말로 불도의 수행이 아니겠는가!'

이렇게 생각하자, 어리석었던 츄라판타카의 고민이 없어지고, 아주 상쾌하고 명랑한 경지가 나타났다.

'이 세상의 미혹은 때요, 지혜는 마음의 비다. 나는 이제 지혜의 비로 어리석은 내 미혹을 쓸어 내자.'

이렇게 마음먹은 츄라판타카는 이미 이전의 츄라판타카가 아니었다. 드디어는 붓다에게 마음을 해탈시키는 데 교묘하기 첫째 가는 자라는 칭송까지 받게 되었던 것이다.

그는 어리석기 때문에 깨달음을 얻을 수 있었다. 어리석은 자는 교만한 생각이 없다. 지식인 같은 선입견이 없다. 솔직하게 붓다의 가르침을 받아들이고자 하는 노력만이 있는 것이다. 깨달음에 가장 가까운 사람이란 자기가 어리석다는 사실을 느끼고 있는 사람임에 틀림없다.

많은 경문을 왼들 이해가 없다면 무슨 이익이 되랴. 오직 한마디의 법문(法文)을 알아들었어도, 이것을 실행하면 곧 깨달음에 이르는 것이다.

츄라판타카는 한 일에 열중하여 마당을 쓸면서도 그것을 계량하고, 그것을 유지해 갔던 것이지만, 나가세나도 체험을 통해 이런 것을 주장한 것이겠다.

한 일에 전념하는 것이 사실은 전체를 얻는 것이 됨을, 이 이야기가 똑똑히 말해 주고 있다.

지혜를 깊게 하는 것(3)

고독감과 정신의 통일

고독을 맛본 적이 없는 현대인은 없으리라. 남에게서 칭찬을 들으면 우쭐하고, 비난을 받으면 기가 꺾여서, 이 세상에서 자기처럼 불행한 사람은 없다고 스스로 인정해 버린다. 또 걷잡을 수 없는 것이 또한 사람이기도 하다. 배반당했다고 생각하여 쓸쓸한 고독감에 애태우기도 한다. 때로는 오해로 일생을 보내는 일도 있다.

그러나 겉치레에 바빠서 좀처럼 속을 들여다 보려 하지 않는 사람이, 어떤 절망에 부딪혀 퍼뜩 자기의 내면을 돌아볼 때, 인간의 본성에 대해 어느 정도 이해를 하는 수도 있다. 더욱 사람이란 자기뿐이 아니라 누구나 고독하다는 것을 알게 된다. 그럴 때 이미 그 사람은 고독하지 않다. 믿을 수 없는 인간이 믿을 수 없는 채 사실을 믿을 수 있다는 것을 알 수 있게 된다.

사람의 정신은 들여다보면 볼수록 아주 깊은 것이어서, 남과 사귀고 있는 표면적 일상 생활이란 아주 작은 부분에 지나지 않는다. 남과 사귀면서 때로는 웃고, 때로는 상처를 받으면서 우리는 성장한다. 남에게서 욕을 먹고 나서 상심한 자기를 조용히 돌아보면, 자기에게도 비난받을 원인이 있었거나, 혹은 태도가 그런 오해를 줄 수 있었다고 생각되는 일이 많을 것이다. 더욱이 나를 바라보고 있는 또 하나의 나가 있는데다가, 욕한 상대도 나의 일면을 보고 있었던 것이 된다. 이리하여 나는 여러 사람의 눈에 비치면서 자라고 있다는 것을 알게 되는 것이다.

조용히 반성하는 것은 사람을 크게 만든다. 그와 같이 예지(지혜)를 돕는 것으로 생각했음인지, 조용한 정신 통일에 대해 메난드로스 왕은 질문해 갔다.

"존사 나가세나여, 정신 통일(定)은 무엇을 특징으로 합니까?"

"대왕이시여, 정신 통일은 주동자임을 특징으로 합니다. 선(善)한 법은 모두 정신 통일을 주동자로 하여 정신 통일에 의지하고, 정신 통일에 기울고, 정신 통일에 향하고 있는 것입니다."

"비유로 말씀해 주시기 바랍니다."

"대왕이시여, 이를테면 동자기둥에 서까래가 걸리고, 향하고, 접합하고 있는 것처럼, 대왕이시여, 선한 법은 모두 정신 통일을 주동자로 하여 이에 기울고, 이에 향하는 것입니다."

"다시 비유를 들어 주십시오."

"대왕이시여, 전쟁이 벌어졌다고 칠 때, 코끼리 부대·기마대·전차대·보병대는 왕을 주동자로 하여 그에게 접근하고, 그에게 기울고, 그에게 향하고, 그를 에워싸 지키듯이, 대왕이시여, 그것과 마찬가지로 선한 법은 모두 정신 통일을 주동자로 하여 그것에 기울고, 그것에 향하는 것입니다. 대왕이시여, 그와 같이 정신 통일은 주동자임을 특징으로 합니다. 대왕이시여, 붓다께서는 '수행자들아, 정신 통일을 수득(修得)하라. 정신을 통일한 사람은 있는 그대로 알 수 있게 되느니라.' 하셨습니다." (1, 1, 13)

'있는 그대로 안다.'는 것은 진실한 지혜를 체득했다는 뜻이 된다. 있는 그대로 알기 위해서는 아무래도 정신 통일이 필요해진다. 정신 통일은 원어로는 samādhi라 한다. 음사해서 삼매(三昧)라고 쓰거니와, 마음을 한 가지 일에 집중하여 여념이 없는 상태라든지, 무슨 일에 열중하고 있는 것으로 해석되어 오고 있다. 독서에 열중하고 있는 것을 독서 삼매라고 부르는 따위다. 그러나 무엇을 목표로 정신을 통일하고 있는가가 문제일 것이다.

일반적으로 수행이란 산란한 마음을 가라앉혀서 편안한 상태에 이를 때, 바른 지혜가 생겨나 진리를 깨닫게 된다고 해석되고 있다. 이 수행으로 붓다의 성스러운 경지를 체험하는 것을 삼매

발득(三昧發得)이라고도 부른다. 그러나 몇 번 시험해 봐도 정신 통일커녕 마음의 동요를 억제할 수 없다고 한탄하는 것이 보통 사람의 예다. 사실 좌선을 해보아도 무념 무상은 그만두고, 망념 망상이 끊이지 않고 일어난다. 이쪽이 오히려 정상 상태인 폭이다. 그러기 때문에 처음으로 좌선하는 사람에게는 수식관(數息觀)을 수련시킨다. 수효를 하나·둘 세어 가는 방법이다. 한 일에 집중시키기 위한 방편으로 수를 이용하는 것이다.

한 가지에 집중하는 모습은 아름답다. 하기는 여기서 호넨(法然)[23]과 묘헨(明遍僧都)의 대화를 회상하게 되는 것도, 입장은 다른 대로 공통의 문제가 가로놓여 있기 때문이리라.

어느 날 고야산(高野山)의 묘헨이 호넨을 찾아와 물었다.

"말세에 있는 우리같이 죄 깊은 사람은 어떻게 해야 윤회의 세계를 떠날 수 있겠습니까?"

"나무아미타불을 부르면 극락에 왕생할 수 있다고 알아 두시오."

"으레 그렇게 말하는 줄은 나도 알고 있습니다. 그러나 염불을 해도 마음이 산란하니 어떻게 하면 좋겠습니까?"

"그것은 나도 어쩔 수 없는 터이오. 나도 그렇소."

"그러니 어떻게 해야 되겠습니까?"

"마음이 흩어지든 말든 염불을 외면 붓다께서 세우신 본원력

---

23) 일본 정토종의 개조(1133~1212).

(本願力)[24]에 의해 왕생한다고 믿고 있소. 결국 큰 소리로 염불하는 것이 제일이오."

염불에 전념(염불 삼매)할 것을 표방하는 것이 정토종이지만, 그 염불 중에도 마음이 흔들리고 잡념이 생기는 것은 호넨 자신조차 어쩔 수 없다. 그러나 잡념이 나든 말든 염불하는 것밖에 도리가 없다고 대답한 것이다. 마음이 산란해도 '큰 소리'로 염불하라고 말한 곳에 이 대화의 아름다움이 있다. 언어로 표현할 수 있는 한계점이었는지도 모른다. 원문에는

"오직 생각하기에 큰 소리로 염불함이 첫째인 줄 아노라."

고 힘차게 선언하고 있다. 미혹 가운데 있으면서도 미혹을 넘어선 경지를 확립한 모습이기도 하리라. 이에 대해 묘헨은

"하기는, 하기는. 이것 들으러 왔노라."

고 말하고 곧 돌아갔다고 한다. 확실히 그렇다. 그것을 듣고자 한 것이라는 묘헨의 대사도 훌륭한 경지를 전개하고 있다. 호넨도 묘헨도 같은 종교의 경지를 개척하여, 똑같은 스케일을 보여주었다고나 할까?

---

24) 본원은 보살 때 세운 서원. 아미타불은 법장비구 시절, 48대원을 세웠다. 그 서원의 힘.

정신 통일은 호넨의 말 속에 구체적으로 나타났을 뿐 아니라, 현대인에게도 교훈을 주고 있다고 믿어진다. 정신 통일에 구애되어, 도리어 통일을 이루어 내지 못하는 현대인은, 먼저 유연한 마음(柔軟心)을 기르는 것이 급선무라고도 할 수 있겠다.

어쨌든 진실한 지혜란 이론으로 끝나는 것이 아니고, 부단한 정신 통일이 전제로 요청된다는 사실을 잊어서는 안 되겠다. 삶의 고뇌가 어디서 오는가를 응시하고, 그 위에서 생활을 영위해 나가며, 또한 미혹하는 중에도 긍정하는 큰 경지가 구체화될 때에만, 진실한 지혜가 빛나게 될 것이다. 원시 불교의 지혜에 이런 특징이 있었던 것이다.

광명의 세계

> 붓다는 홀로 번뇌의 어둠을 떨치고 앉으시매,
> 빛이 있고 광명을 발하신다.
> 고마타(붓다)는 지혜 풍성하시며,
> 고마타는 예지 풍성하신 분이시다. (수타니파타 1136)

우리는 미혹(번뇌) 속에서 암중 모색하고 있다. 미혹이 어둠에 비유되는 까닭이 여기에 있다. 어둠 속에서 이같이 암중 모색하던 사람이 어쩌다가 한 줄기의 광명을 발견했다고 하면, 기쁨이야 얼마나 크겠는가. 그리고 그 빛이라는 것도 어딘가 다른 데서 비쳐 오는 게 아니라 사실은 나 자신이 미혹으로부터 깨어날 때

내 속에서 나온다는 것을 알게 된다.

메난드로스 왕이 지혜의 특징에 대해 물었을 때, 나가세나는 '절단을 특징으로 한다.'고 말한 바 있었지만, 그는 다시 빛을 그 특징으로 추가하였다.

"대왕이시여, 저는 아까 지혜는 절단을 특징으로 한다고 말씀드렸습니다만, 지혜는 빛도 특징으로 하는 것입니다."

"존사여, 어째서 지혜는 빛을 특징으로 하는 것입니까?"

"대왕이시여, 지혜가 생길 때에는 지혜는 무명(無明 ; 미혹)의 어둠을 쫓고 명지(明知)의 빛을 내며, 지식의 광명을 나타내어 네 가지 성스러운 진리[25]를 밝힙니다. 그러므로 마음이 가라앉은 수행자는 바른 지혜에 의해, '이것은 무상하다.'라든지 '이것은 괴로움이다.'라든지 '이것은 무아(無我)다.'라든지 투시할 수가 있는 것입니다."

"비유로 말씀해 주십시오."

"대왕이시여, 비유하자면 어떤 사람이 어둠에 싸인 집 안에서 등에 불을 켠다고 하면, 그 등불은 어둠을 쫓고, 빛을 내고, 광명을 나타내고, 빛깔이나 형상을 밝히게 되듯이, 대왕이시여, 그것과 마찬가지로 지혜가 생길 때에는, 지혜는 무명의 어둠을 쫓고 명지의 빛을 내며, 지식의 광명을 나타내어 네 가지 성스러운 진리를 밝히게 되는 것입니다. 그러므로 마음이 가라

---

25) 네 가지 성스러운 진리란 사제를 말한다. 즉 고(苦)·집(集)·멸(滅)·도(道)의 진리.

앉은 수행자는 바른 지혜에 의해, '이것은 무상이다.'라든지 '이것은 괴로움이다.'라든지 '이것은 무아다.'라든지 투시할 수 있는 것입니다. 대왕이시여, 이와 같이 지혜는 빛을 특징으로 하는 것입니다."

지혜로 뒷받침된 광명은 암중 모색하는 사람의 미망을 쫓는 작용을 한다. 번뇌에 뒤덮인 어둠을 몰아내고, 미혹을 없애는 작용을 하는 것이 이 광명이다. 그뿐이 아니다. 만들어진 모든 것은 변하지 않는 것이 없다(諸行無常), 모든 존재에는 실체가 없다(諸法無我), 모든 것은 괴로움 아닌 것이 없다(一切皆苦) 하는 따위의 진리를 투시하고 관찰한다.

투시한다는 것은 자기 본위로 보는 것과는 다르다. 자기가 애처로워하고, 괴로워하고, 근심하고, 슬퍼하고, 번민하는 모습을 응시하고, 사람이 갖는 추함·교활함을 꿰뚫어 보는 일이다. 붓다는 붓다 자신 속에 숨어 있는 악마의 성질까지도 꿰뚫어 보셨다. 이렇게 자기를 있는 그대로 냉정하게 바라본다는 것은 확실히 어려운 일이거니와, 일단 자기를 냉정히 관찰하고 난 사람은 타인에 대해서도 차별 없이 바라볼 수 있게 된다. 그뿐 아니라 근원적인 예지라고나 할 지혜 속에 싸여 있는 자기를 발견하게도 되는 것이다. 광명은 한 점에서부터 두루두루 주위에 번진다. 자기와 타인과의 관계까지도 포용하여, 그 속에서 빚어지는 증오나 모순, 허전함·안타까움마저도, 동정이나 편견 없이 응시하기에 이른다. 이 작용이 광명이 갖는 특징인 것이다. 적나라한 자기를 자신이 발견했을 때, 차마 견뎌 내지 못할 것 같은 자기가 오직 혼자서 붓다와 일 대 일로 대면하고 있다는 것을 깨닫게 된다. 어둠에서 뛰쳐나와 빛에 싸여 있는 자기를 그때에 발견하게 되는 것이다.

대승 불교에서는 이 생각을 다시 철저화시켜, 투시하고 있어야 할 자기가 사실은 붓다의 영원한 응시에 의해 지켜지고 있다는 자각에까지 승화시킨다. 그 중에서도 신란(親鸞)의 자각은 너무나 철저하다. 번뇌 때문에 꿰뚫어 보려는 눈마저 막혀 있으나

"대비(大悲) 한결같으사 항상 내 몸을 비추시다."

라고까지 했다. 현실에 대한 반성이 깊어지면 깊어질수록, 어쩔 수 없을 정도로 번뇌의 어둠이 우리를 뒤덮고 있다는 것을 알게 될 것이다. 그러기 때문에 그만큼, 내 몸을 비쳐 주고 계신 붓다의 자비도 더욱더 소중하게 여겨지는 것! 그러나 이 경지는 아직 나가세나의 말에서 발견되지 않는다 하겠다.

유연(柔軟)한 세계

선택하여 버리는 행위

지혜를 진실한 지혜가 되게 하고, 생활 속에 이를 실천하게 하는 보조 행위로서, 지계·신앙·노력·전념·정신 통일 등을 이미 든 바 있거니와, 다시 깨달음(지혜)을 얻는 작용에는 어떤 것이 있는가에 대해 메난드로스 왕은 질문을 했다.

"존사 나가세나여, 깨달음을 얻는 방법(支分)에는 몇 가지나 있겠습니까?"
"대왕이시여, 깨달음을 얻는 방법에는 일곱 가지가 있습니다."
"존사여, 그렇다면 몇 가지 방법을 써야 깨달을 수 있겠습니까?"

"대왕이시여, 한 가지 방법으로 깨닫습니다. 즉 법의 식별이라는 방법입니다."

"존사여, 그것이 어째서 깨달음을 얻는 방법이 됩니까?"

"대왕이시여, 이것을 어찌 생각하십니까? 만일 칼이 칼집에 꽂힌 채 손에 들려 있지 않다고 하면, 남을 베려고 생각한다 한들 벨 수 있겠습니까?"

"존사여, 벨 수 없을 것입니다."

"대왕이시여, 그것과 마찬가지로 법의 식별이란 방법이 없으면, 다른 여섯 가지 방법으로는 깨닫지 못하는 것입니다."

(1, 7, 6)

깨달음을 얻는 방법이라 한 것은, 종래에는 각지(覺支)니 지분(支分)이니 보리 분법(菩提分法)이라 불리었고, 일곱 가지라 하여 칠각지라고도 했다. 글자 그대로 '깨달음의 지혜를 돕는 것', '깨달음에 이르는 데 도움이 되는 방식'을 뜻한다. 여기서는 그 첫째 것으로 법의 식별을 들었거니와, 이것은 택법(擇法)이라 하여 지혜로 법의 진가(眞假)를 가리는 일이다. 둘째는 정진이니 선택한 바른 법에는 전심 노력함이요, 셋째는 희(喜)라 하여 진실한 법을 실천하는 기쁨에 잠기는 일, 넷째는 경안(輕安)이라 하여 심신이 언제나 경쾌한 상태를 유지함이며, 다섯째는 사(捨)라 하여 한쪽에 치우치든지 집착하는 일이 없는 일, 여섯째는 정(定)이니 정신 통일이 되어 있어서 마음이 동요하지 않음이요, 일곱째는 염(念)이라 하여 언제나 정신 통일과 지혜에 유의하여 잊지 않는 일이다.

이 중에서 왜 법의 식별이 중심이 되는가, 메난드로스 왕의 질문은 매우 상식적이다. 법을 식별한다는 말에는 적어도 두 가지 뜻이 포함되어 있다. 하나는 선택하는 행위다. 사람은 일단 얻은 지식을 간단히 버리지 못한다. 버리는 대신 어떻게든 이것을 살리고자 하는 것이 일반적인 인정이다. 그 결과 백과 사전처럼 박식해져도 제 신념을 명백히 하지 못하는 사람이 되기 쉽다. 인텔리는 대개 둘 중 하나를 택해야 할 때, 단언을 회피하려 한다. 한쪽을 버릴 수가 없는 것이다. 사심이 엉키고 말이 되지 않는 이론을 빚어 내게 되면 버리기는 더욱 곤란해진다. 선택에는 버린다고 하는 매우 개성적인 결단이 요구되는 것이다. 우리가 법(진리)과 대결하기 위해서는 지금까지 가졌던 지식 전부를 버릴 것이 요구된다. 알몸으로 부딪쳐야 하는 것이다. 그러므로 일체의 선입견을 포기한 알몸으로 법에 대처하는 일이 법을 식별하는 첫째 태도가 되어야 하는 것이다.

둘째는 법을 판단하는 행위다. 법 중에서 어느 것이 참이고 어느 것이 거짓인가, 어느 것이 소중한 것이고 어느 것이 필요한가를 구분하는 일이다. 종교적 예지가 갖추어지지 않고는 이런 판단이란 제대로 이루어질 턱이 없다.

이 두 가지가 하나로 포개져서, 환언하면 절실한 체험으로서 받아들여질 때에는, 일곱 가지 방법 중 다른 여섯은 저절로 갖추어지게 될 것이다. 하나에 전념할 때 더욱 그것이 가장 중심적인 것에 집중되는 경우라면, 다른 모든 것은 그에 부수되어 해결될 것이기 때문이다.

 깨달음에 이르는 방법을 분석한 결과 일곱 가지가 된 것뿐이며, 실제에 있어서 그렇게 개별화되어 있는 것은 결코 아니다. 우리는 무엇이나 구분하고 정리하는 버릇이 있거니와, 그런 개별화된 세계에서는 결코 깨달음의 경지를 알 수 없다는 점이, 이 짧은 대화 속에서 느껴진다.

풍성(風性)

 불교가 지혜를 존중한다는 것은 이미 밝혀진 바이다. 불교에서의 그 많은 실천 덕목(德目)은 오직 지혜를 완성하기 위함이었다. 그러나 눈으로 보고 손으로 만질 수 있어야만 사실이라 생각하고, 볼 수 없고 만질 수 없는 것이면 믿으려 하지 않는 사람에게는 정신적인 존재는 좀처럼 이해가 안 갈 것이다. 더구나 깨달음의 경지 같은 것을 포착하기란 매우 어려울 터이다. 메난드로스 왕은 그리스인이므로, 오히려 인간의 예지나 이성은 실재한다고 보는 경향이 있었다고 보아야 되리라.

 "존사 나가세나여, 어디에 지혜는 실재합니까?"
 "대왕이시여, 어디에도 없습니다."
 "존사 나가세나여, 그러면 지혜는 존재하지 않는단 말입니까?"

"대왕이시여, 바람은 어디에 실재하고 있습니까? 바람이 있는 곳을 아시면 말씀해 주시기 바랍니다."

"존사여, 어디에도 바람이 있는 곳은 없습니다."

"대왕이시여, 그러면 바람은 존재하지 않는 것이 됩니까?"

(1, 6, 8)

지혜란 깨달음의 경지다. 이 경지는 항상 어디에서라도 자유자재로 발휘되어야 하며 부자유함이 있어서는 안 된다. 바로 바람과도 같이 어디에라도 불어 가면서, 붙잡으려 하면 붙잡히지 않는 담담한 경지일 수밖에 없다. 이 비유는 동양인인 우리에게는 대강 추측이 가서 재미가 있다. 특히 선(禪)에서는 바람을 불성(佛性)·열반·깨달음의 비유로 많이 사용한다.

도겐(道元)의 『정법안장(正法眼藏)』에는 이런 문답이 실려 있다.

중국 당나라 시절의 보철(寶徹) 선사가 부채질을 하고 있자니까, 어느 중이 물었다.

"풍성(風性 : 바람의 성질)은 어느 때 어디에라도 있는 것인데, 어째서 스님께서는 일부러 부채질을 하고 계십니까?"

풍성이란 바람의 본성이라는 뜻이어서 불성(佛性)을 상징한다. 그랬더니 선사는 이렇게 대꾸했다.

"너는 풍성이 어디에라도 있다는 뜻을 조금도 모르고 있구나."

바람이 어디에라도 없다면 이상하다. 모든 곳에 있어야 바람이다. 그와 같이 불성도 모든 것에 보편화되어 있어야 한다. 붓다의 성질, 붓다가 될 가능성을 불성이라 하여, 모든 인간에게 불성이 있다고 대승 불교에서는 목이 쉬도록 말하고 있건만, 너는 아직도 그것을 의심하느냐. 악인이나 어리석은 사람에게는 없다고 말하고 싶으냐. 그렇지는 않다고 선사는 강조한 것이다. 그랬더니 중은 그러면 그 도리를 가르쳐 달라고 대들었다. 그때 선사는 침묵한 채 부채질만 했다는 것이다.

불교의 기본 성격을 체득 못한 중으로서는 형식적인 이론밖에는 늘어놓지 못한다. 풍성은 어디에라도 있기에, 지금 이와 같이 부채질을 하면 시원한 바람이 일어나는 것이다. 눈앞에 불성을 대하고 있으면서도 깨닫지 못하는 중에게 선사는 무언의 교훈을 들려 준 것이다.

중국의 시인으로 선에서도 일가를 이룬 소동파(蘇東坡)는, '월백풍청(月白風淸)'이라는 표현을 한 일이 있어서, 선에서는 곧잘 이 문구를 애용한다. 그대로가 곧 진여(眞如 ; 진리)여서 청정한 경지를 가리키는 뜻으로 전용하는 것이다. 이같이 청풍을 깨달음이나 진여의 뜻으로 쓰는 것은 선의 버릇처럼 되어 있다. 다만 그것을 받아들일 때, 일본 사람들은 자칫하면 영탄적인 정서에 빠지기 일쑤다. 그리하여 감상적인 세계를 희롱하는 결과가 되어 버린다. 그러나 선사들은 자연을 통해 도경(道境)을 노래하는 경우에도 결코 감상에 떨어지는 일이 없다. 오히려 강인한 냉철성이 전해져 온다.

도겐이 중국에 가서 지도를 받은 스승은 천동여정(天童如淨)이라는 선사였다. 그의 시에 풍경을 읊은 시가 있다.

> 온몸이 입뿐이라, 허공에 걸려
> 동서남북 바람에는 아랑곳 없네.
> 언제나 남을 위해 설하는 반야
> 쨍 쨍 쨍그랑 쨍 쨍.[26]

마지막 구절은 풍경 소리를 의성화한 것이다. 반야(지혜)를 설하는 풍경도 바람 없이는 울리지 않는다. 바람이 있어서 반야가 작용하는 것이니, 반야와 바람이 표리 일체인 도리를 교묘하게 표현하고 있다.

나가세나의 바람의 비유는 오히려 중국에 와서 꽃피었다고 말하는 것이 적절할지도 모른다. 대자연을 바라보는 것은 그대로 자기를 응시하는 일이 될 수도 있을 것이다.

일본인에게는 지혜야 어디에 존재하든 처음부터 외면하는 경향이 강하다. 오히려 현대인은 지혜 있는 사람의 존재를 의심하

---

26) 원시는 이렇다.
　　通身是口掛虛空　　不管東西南北風
　　一等爲渠談般若　　滴丁東了滴丁東

고 있는 것이나 아닐는지? 이성 있는 사람의 존재를 의심하는 그 정도로, 지혜 있는 사람의 존재도 의심하는 것만 같다. 바로 인간 불신의 시대다. 인간 불신의 시대라는 말도 근원을 따지자면 하나의 분위기임에 틀림없어서, 매스컴의 위력에 말미암는 점이 크다 하겠다. 생각하면 할수록 인간을 인간 자신의 손으로 꽁꽁 결박하고 있음을 자각하게 되리라.

우리가 아무리 구한다 해도 지나침이 없을 경지는 '버리는' 행위와 바람처럼 잡히지 않는 크나큰 세계다. 바로 그것은 유연한 마음 자체라고도 할 수 있다.

3. 어떻게 생각할 것인가

붓다의 대화 방식

상식의 비상식성

고대인의 대화 중에는 현대인이 때로는 황당 무계하다고 생각하고, 때로는 무의미하다고 생각하는 내용도 있다. 그러나 그 태도의 진지함으로 미루어 볼 때, 현대인과는 달리 고대에는 고대대로의 사회 생활에서 빚어지는 고민이 대화 속에 나타나 있다는 것을 깨닫게 된다. 현대인이 일단 자명한 일이라고 치워 버리는 일들도, 사실은 고대부터 시작된 많은 선각자의 발언으로 쌓여, 우리의 상식이 되기까지 전해 온 것임에 틀림없다. 우리가 상식으로 여기고 있는 일을 가지고, 이렇다 저렇다 논쟁하고 있는 고대인을 보면, 우습다든지 하잘것없다고 생각하기 쉽겠으나, 오히려 고대에서 현재까지 쌓아 올린 지식의 은혜에 대해 고

개 숙일 줄을 알아야 할 것이다. 하물며 우리가 지금은 상식으로 치고 있는 일도, 시세의 진전에 따라 언젠가는, 실로 우스꽝스러운 유치한 것이 될 날도 있으리라는 것은 명약관화한 일이 아니겠는가.

이 경전을 대할 때도 같은 말을 할 수 있을 것이다. 이렇게까지 논해야 할 것인가 하고 생각하는 사람도 있겠고, 또 사고를 따라갈 수 없는 사람도 있을 터이다. 돌이켜 우리의 경우를 생각할 때, 그 태도에 있어서 성급한 경향이 짙은 것 같다. 단적인 표현을 바란다기보다도, 어쨌든 그 대답이, 혹은 결과가 얻어지기만 하면 된다는 식의 생각이 많다. 결과를 구하는 데 급하다는 것은 어떻게 하여 그렇게까지 되었다는 과정을 무시해도 된다는 안이한 태도가 깃들어 있을 것이다. 이런 경향은 겉만 꾸미려 드는, 말하자면 서랍 속이야 아무리 난잡해도 책상 위만 깨끗이 정돈되어 있으면 그만이라는 사고 방식과 일맥 상통하는 것이 있다 하겠다. 이리하여 정연한 논리보다는 한마디로 된 선전 문구에 도취하는 것이 우리이다. 긴 본문을 읽기보다는 요약판으로 간단히 결론만을 알려고 한다. 이런 경향은 날이 갈수록 더욱 심해져 가는 듯하다. 그러기에 나가세나와 메난드로스 왕의 대화를 읽으면서도 그런 심정은 여간해서 없애기 어려울지도 모른다. 우리는 고대인과 현대인 사이에 개재하는 소원감과 대화에 반복되는 집요성에 당황하는 태도를 우선 버려야 하겠다.

다음으로 또 하나 중요한 문제가 있다. 붓다는 불도 수행이나 중생 구제와 관계없는 일에는 대답하려 하지 않았다는 점, 바꾸어 말하면 형이상학적인 지식을 배척했다는 점이다. 이에 관해서는 유명한 이야기가 있다.

붓다가 제타바나에 계셨을 때, 마룬캬라는 수행자는 퍼뜩 이런 것을 생각했다. 붓다는 이런 일에 대하여는 설하신 일도 없고 대답도 안 하셨다. 그것은 세계는 영원한 것인가, 아니면 무상한가, 또는 유한한가, 혹은 무한한가? 영혼과 육체는 동일한가, 아니면 별개의 것인가? 여래(붓다)는 사후에도 생존하지 않는가? 이런 일에 관해 붓다는 말씀하신 바가 없었다. 나는 그것이 성에 차지 않는다. 왜 그런지 그 이유를 붓다를 찾아가서 여쭈어 보자. 만약 붓다가 대답을 안해 주신다면 수행을 그만두고 집으로 돌아가자. 마룬캬는 이렇게 생각한 것이었다.

그 날 저녁 때 붓다 앞에 나타난 마룬캬는 자기 생각을 털어놓았다. 그때 붓다는 비유를 들어 이렇게 말씀하셨다.

"마룬캬야, 나는 너에게 '오너라. 너는 내 밑에서 청정한 도를 닦아라. 또 네가 나에게 묻는 일은 무엇이거나 다 너에게 일러 주마.'고 말한 적이 있었더냐? 만약 그렇게 하다가는 내가 그것을 밝혀 주기도 전에 많은 사람이 죽어야 했으리라."

아이러니하게 들리는 붓다의 말씀에는 인생의 근본이 무엇인지를 알고 있는 분의 의연한 태도가 엿보인다. 세계의 유한·무한에 대해 생각한다는 자체가 틈 많은 사람이 할 수 있는 인생 회피임에 틀림없다. 나날의 생활에 쫓기는 사람에게는 그런 따위 유한(幽閑)한 문제를 염두에 둘 여유조차 없으리라. 하물며 청정한 수행에 바쁜 사람에게야 그런 토의가 무슨 도움이 되겠는가. 그 사실을 '밝혀 주기도 전에 많은 사람이 죽고 말 것'이 아니겠는가.

붓다는 다시 말씀을 계속하셨다. 그것은 『전유경(箭喩經)』으로 묶어져 유명해진 이야기다.

"만약 너처럼 그런 것을 모르고는 수도할 수 없다고 한다면, 아마도 그런 사람은 수도도 못해 보고 죽어야 할 것이다. 그것은 마치 독 묻은 화살에 맞은 청년과도 같다. 근심한 친구나 친척이 의사를 데리고 와서 화살을 뽑으려 해도, '나를 쏜 사람은 왕족인가, 바라문인가, 서민인가, 혹은 노예 계급에 속하는 자인가? 그것을 알기 전에는 이 화살을 뽑지 말라.' 이렇게 그 청년이 말하고, 또 나를 쏜 사람의 이름은 무엇이고, 어떤 가문이냐는 둥, 키·용모, 심지어는 어디 사람이냐, 어떤 활이었느냐, 그것을 알 때까지는 이 화살을 뽑지 말라고 우긴다면, 대체 그 청년은 어떻게 되겠는가?

그러는 중에 독이 전신에 퍼져서 죽고 말 것이 틀림없다. 그것과 마찬가지로 의문을 풀지도 못하는 사이에 목숨이 끝나고 말 것이다."　　　　　　　　　　　　　　　　　(中部經典 63)

이렇게 붓다는 마룬캬를 타이르셨던 것이다.

형이상학적 지식의 배제와 침묵의 의의

붓다가 설명을 가하지 않았던 명제, 즉 '세계는 영원한가, 영원하지 않은가.' 따위 형이상학적인 문제의 이론적 처리를 유해하다고 본 것은, 그런 처리가 새로운 속박이 되는 까닭이었다. 그런 사유에 집착하는 것은 열반(영원의 편안)에 이르는 데 도움이 안 되며, 그런 사유로부터 해방되는 것이야말로 구제되는 길이었기 때문이었다. 독일의 철학자 야스퍼스도 그런 이유를 인정하여,

"붓다가 이런 일들을 말하지 않은 것은 몰랐기 때문이 아니었다. 붓다의 생애에서 매우 큰 구실을 한 이 침묵의 힘은, 이렇게 그의 생각을 전달할 때 놀라운 효과를 거두었다."

고 말함으로써, 침묵의 배후에 숨은 무언의 압력과도 같은 침묵이 지닌 위대한 말씀에 대해 경탄하고 있다.

붓다가 어째서 형이상학적인 문제에 대해 침묵했는지는 대략 밝혀졌을 것으로 안다. 그와 동시에 붓다의 침묵이 지닌 의미를 매우 높이 평가하지 않을 수 없게 된다. 그러나 사람들은 붓다의 침묵을 잘못 이해하여 조금이라도 어려운 문제를 만나면 침묵하려는 경향이 있다. 그러면서도 쓸데도 없는 문제에 대해서는 말이 많다. 우리는 그런 점에서 마룬캬보다도 정도가 훨씬 얕지 않겠는가.

인생의 큰 문제에 대해 말이 많은 것은 결코 어리석은 일일 수 없다. 하잘것없는 일에 말이 많은 것보다는 매우 훌륭한 일이라 해야 할 것이다. 중요한 문제에 대해 철저하게 논하는 것은 꼭 해야 할 인생의 의무라고도 하겠다. 붓다는 구원에 필요 없는 일에 대하여는 침묵을 지켰거니와, 말 많은 인간이 인생의 중대 문제에만 침묵하라고는 가르치시지 않았다. 이 점에 대해 우리는 다시금 주의할 필요가 있을 것이다.

나가세나와 메난드로스 왕의 대화에서, 붓다가 침묵한 내용에 가까운 것도 때로는 화제가 되기도 하였거니와, 이것은 이교도에게 어떻게든 불교를 이해시키려는 노력의 결과이기도 했고, 또 하나는 붓다가 돌아가신 후, 다른 종교나 다른 사상과 대결하는 중에 불교 자체 안에 생겨난 질적 변화 탓이기도 했을 것이다. 오히려 그들이 조금도 은폐하는 일이 없는 가운데 말로 할 수 있는 한계점까지 진지하게 이야기해 간 그 태도를 배우는 것이, 오늘의 우리의 최대 과제라 하겠다.『유마경』에 나오는 유마의 침묵도 한계점까지 많은 사람들에 의해 논해진 끝이기에 비로소 그 진가를 발휘할 수 있었다는 것을 잊어서는 안 될 것이다.

윤회의 세계

명멸하는 인과 응보

메난드로스 왕은 윤회(saṃsāra)에 대해 질문했다. 윤회란 인간의 주체 혹은 영혼이 일단 죽은 후에도 없어지는 일이 없이 무한히 생사를 반복함을 가리킨다. 인도의 많은 사상은 이것을 당연한 것처럼 신봉했던 것이다. 불교는 윤회의 주체가 되는 영혼의 존재는 인정하지 않으면서도, 어떤 의미에서는 윤회를 설하고 있었던 까닭이다.

"존사 나가세나여, 죽은 자와 다시 살아난 자는 동일합니까, 아니면 별개의 것입니까?" (1, 2, 1)

나가세나는 그것에 대해, 그것은 동일하지도 않고 별개의 것도 아니라고 대답했다. 이 대답은 그리스인으로서는 이해하기가 매우 어려웠다. 윤회 사상은 인도뿐 아니라 그리스에도 있기는 했으나, 특히 보편화되어 있었던 것은 아니었기 때문이리라. 메난드로스 왕은 비유로 설명을 요구했다.

"대왕이시여, 이것을 어찌 생각하십니까? 일찍이 갓난애의 모습으로 누워 계시던 때의 대왕과 어른이 되신 지금의 대왕과는 동일합니까, 어떻습니까?"

"존사여, 동일하지는 않습니다. 일찍이 갓난애의 모습으로 누워 있던 때의 나와 어른이 된 지금의 나는 별개의 것입니다."

이 대답은 나가세나가 파 놓은 함정에 빠진 격이었다. 그 대답 속에 포함된 모순을 나가세나는 추궁해 갔다.

"대왕이시여, 만약 그것이 사실이라면, 어른이 되신 현재의 대왕에게는 어머니도 안 계시고, 아버님도 안 계시고, 스승도 없고, 기술을 가르쳐 준 사람도 없는 것이 안 되겠습니까? 대왕이시여, 수태 직후 일 주일이 되었을 때의 어머니와, 수태한 지 이 주일 되었을 때의 어머니와, 석 주가 지났을 때의 어머니와, 넉 주가 지났을 때의 어머니와, 어린이 시절의 어머니와, 어른이 되고 난 다음의 어머니는 각기 다른 어머니이겠습니까? 대왕이시여, 또 기술을 배우는 자와, 이미 배우고 난 사람과는 별개의 사람이겠습니까? 또 나쁜 짓을 한 자와, 그 결과 손발이 잘린 자는 다른 사람이겠습니까?"

"존사여, 그렇지는 않습니다. 그러나 당신은 이렇게 말씀하셔서 무엇을 설하려고 하시는 것입니까?"

"대왕이시여, 저 자신도 예전에는 갓난애의 모습으로 누워 있었습니다만 지금은 이렇게 어른이 되었습니다. 오로지 제 몸에 의존함으로써 이런 모든 상태가 통일되어 있는 것입니다."

메난드로스 왕도 무엇인가가 어렴풋하게 짐작이 갔으나, 아직 가려운 데 손이 간 정도는 되지 못했다. 다시 비유를 들어 설명해 달라고 요청했다.

"대왕이시여, 누가 등불을 켰다면, 그것은 밤 내내 불이 붙어 있겠습니까?"

"존사여, 말씀대로 밤 내내 불이 붙어 있을 것입니다."

"대왕이시여, 초저녁의 불꽃과 밤중의 불꽃이 같겠습니까?"

"존사여, 다릅니다."

"대왕이시여, 그렇다면 초저녁의 불꽃과 새벽녘의 불꽃은 각기 다른 것이겠습니까?"

"존사여, 그렇지는 않습니다. 같은 등불에 의존함으로써 불꽃은 밤 내내 불이 붙고 있는 것입니다."

"대왕이시여, 꼭 그것과 마찬가지로 현상(現象)이 이어져 있는 것입니다. 다시 태어난 자와 죽은 자는 별개이긴 합니다만,

3. 어떻게 생각할 것인가 129

서로 앞것도 아니고 뒷것도 아니듯이 동시적(同時的)으로 이어져 있는 것입니다. 이런 까닭으로 같지도 않고 다르지도 않은 그런 것으로서, 마지막 의식에 의해 통섭(統攝)되게 되는 것입니다."

"더 비유를 들어 주십시오."

"대왕이시여, 새로 짜낸 우유는 시간이 지나면서 엉기게 되고, 엉긴 우유는 버터로 바뀌며, 다시 버터는 버터유가 될 것입니다. 대왕이시여, 만일에 '우유는 엉긴 우유와 같고, 또 버터가 버터유와 같다.'고 말하는 자가 있다고 하면, 그 사람은 바르게 말하고 있는 것이 되겠습니까?"

"존사여, 그렇지는 않습니다. 우유에 의존하면서 별개의 상태가 나타나고 있는 것입니다."

"대왕이시여, 마치 그것과 마찬가지로 현상이 연속되고 있는 것입니다. 새로 태어난 사람과 죽은 사람은 서로 다르지만, 서로 앞것도 아니요 뒷것도 아닌 것처럼 동시에 연속되어 있는 것입니다. 이런 까닭에 같지도 않고 다른 것도 아닌 그런 것으로서 마지막 의식에 의해 통섭되게 되는 것입니다."

윤회의 주체는 실체로서 존재하고 있는 것이 아니라, 사실은 타고 있는 불과 같이 주체의 연속만이 존재한다는 것이다. 이런 설명은 대자연의 모든 현상이 우리 개인과 얼마나 밀접하게 연결되어 있는가를 가르쳐 주고도 있다 하겠다. 가정의 전등은 교류(交流)하니까, 주기적으로 서로 반대 방향을 향해 전류가 흘

러서, 1초에 50회에서 60회까지 흐름의 방향을 바꾸고, 그에 따라 전등도 1초에 50회 내지 60회나 꺼졌다 켜졌다 하고 있는 셈이 된다. 그러나 우리 눈에는 불연속 상태로는 비치지 않는다. 이것은 우리 안구(眼球)의 구성이 그렇게 되어 있는 탓이며, 전구가 명멸을 계속하고 있는 것은 어디까지나 엄연한 사실이다. 바꾸어 말한다면 진실은 어디까지나 진실로서 존재하고 있는데도 불구하고, 인간의 사고 방식에 의해 왜곡된 진실의 이미지가 인간 쪽에 수립됨으로써 그 이미지를 진실 그것인 듯 받아들이고 있다는 것이 우리의 현실인 것이다.

미야자와(宮澤賢治)가 시집 『봄과 수라(修羅)』의 서시에서,

나라는 현상은
가정된 유기 교류 전등의
한 개의 푸른 조명입니다.

라고 노래한 것은 인간의 존재를 명확하게 포착한 것이라 하겠다. 그는 계속하여,

풍경이나 남들과 함께
바삐바삐 명멸하면서
아주 확고히 타오르고 있는
인과(因果) 교류 전등의
한 개의 푸른 조명입니다.

라고까지 노래하고 있는 것이다. 지금 이 시를 해설할 생각은 없으나, 모든 현상과 함께 바삐 명멸을 반복하면서도 내가 여기에 존재하고 있다. 그런 인과가 교류하는 전등의 푸른 조명이라고 자기를 파악했다는 것은, 깊이 있는 인생 관조라고 아니 할 수 없다. '푸른'이라는 말에도 많은 의미가 포함되어 있을 것 같거니와, 지금은 그런 것에 대해서는 생략하기로 하고, 다른 한 가지의 메난드로스 왕의 질문에 귀를 기울여서, 앞의 시와 함께 생각해 보고자 한다.

존재의 연관성

"존사 나가세나여, 죽고 나서 그 주체가 다음 세상에 옮겨가지 않은 채, 그러면서도 다시 태어나게 되는 것일까요?"
"대왕이시여, 그렇습니다. 옮겨가지 않은 채, 그러면서도 다시 태어나는 것입니다." (1, 5, 5)

이 대답에 대해 왕은 비유로 나타내어 달라고 부탁했다. 나가세나는 등불을 예로 들었다. 어느 사람이 한 등불에서 불을 붙여 가지고 다른 등에 불을 당겼을 때, 등불은 한쪽 등에서 다른 등으로 옮겨 간 것이 되느냐고. 왕은 그렇지 않다고 했다. 나가세나는 그것과 같이 죽고 나서 신체의 주체가 다른 몸으로 옮겨가는 것은 아니나, 그러면서도 다시 태어나게 되는 것이라고 설명했다. 왕은 다시 비유를 요구했다.

"대왕이시여, 폐하께서 어렸을 적에 스승으로부터 어떤 시를 배우셨던 사실을 지금도 기억하고 계십니까?"

"존사여, 기억하고 있습니다."

"대왕이시여, 그 시는 스승으로부터 폐하께 옮겨 간 것입니까?"

"존사여, 그렇지는 않습니다."

"대왕이시여, 그것과 마찬가지로, 어느 몸에서 다른 몸으로 윤회의 주체가 옮겨 가는 것은 아니건만, 그래도 다시 태어나기는 하는 것입니다."

시는 어디까지나 시인 자신의 것이다. 그러나 우리는 남의 시를 읽으면서, 어느 결엔지 그 시가 우리 자신 속에 스며들어 와 있음을 깨닫는 수도 있다. 그렇다고 내 속에 들어와 있는 시가, 그 시 자체인 것은 아니다. 그런데도 일반 사람들은, 죽고 나서 영혼(주체)이 다른 인간이나 동물의 육신 속에 옮아가는 것이 윤회라고 해석한다. 그것은 잘못이라고 나가세나는 강조한 것이다. 윤회의 주체가 되는 영혼을 불교에서는 인정하지 않는다. 좋은 일이든, 나쁜 일이든, 인간의 행위에서 나온 업(業) 자체가 윤회한다고 보는 것이다. 다른 대화를 조금 더 인용해 보자.

"존사 나가세나여, 다음 세상에서는 무엇이 다시 태어나는 것일까요?"

"대왕이시여, 바로 명칭과 형상이 다시 태어나는 것입니다."

"지금의 이 명칭과 형상이 다음 세상에 태어난다는 말씀입니까?"

"대왕이시여, 지금의 이 명칭과 형상이 다음 세상에 태어나는 것은 아닙니다. 대왕이시여, 지금의 명칭·형상에 의해 좋은 행위·나쁜 행위를 하게 되고, 그 행위에 의해 다른 명칭·형상이 다음 세상에 태어나는 것입니다."

"존사여, 만약에 지금의 이 명칭과 형상이 그대로 다음 세상에 태어나는 것이 아니라면, 사람은 나쁜 행위(惡業)의 책임에서 해방되지 않겠습니까?"

"만약에 다음 세상에 다시 태어나지 않는다면, 사람은 악업의 책임으로부터 해방될 것입니다. 그러나 역시 다음 세상에 다시 태어나게 되니까, 악업의 책임에서 해방되지는 못하는 것입니다."

명칭·형상(nāma-rūpa)은 본래 현상계의 갖가지 사물을 가리키는 말이었으나, 일반적으로는 인간의 정신면과 물질면의 뜻으로 이해하여서 개인 존재라는 의미가 되고 말았다.

이 대답에 대해, 메난드로스 왕은 다시 비유로써 설명해 주기를 요구했다.

"대왕이시여, 누가 다른 사람의 망고나무 열매를 훔쳤다고 가정하겠습니다. 망고나무 주인이 그 사람을 잡아 가지고 임금님 앞에 끌고 와서, '임금님, 이놈이 제 망고나무 열매를 훔쳤습니다.' 하고 호소하자, 그 사나이는 '임금님, 그렇지 않습니다. 저는 이 사람의 망고 열매를 훔친 일이 없습니다. 이 사람이 심은 망고 열매와 제가 딴 망고의 열매는 전혀 별개의 것입니다. 나는 벌을 받을 만한 나쁜 짓을 한 일이 없습니다.'고 말했다고 할 때, 그 사람은 정말 처벌에 해당되지 않겠습니까?"

"존사여, 그 사람은 처벌되어야 마땅합니다."

"왜 그렇습니까?"

"존사여, 비록 그 사람이 최초로 심은 그 열매를 훔친 것은 아니라 해도, 나중에 열린 열매에 대한 책임은 면할 수 없는 까닭입니다."

"대왕이시여, 그것과 마찬가지입니다. 사람은 지금의 이 명칭·형상에 의해 좋은 행위·나쁜 행위를 하게 되고 그 행위에 의해 다른 명칭과 형상이 다음 세상에 다시 태어나게 되는 것입니다. 그러므로 사람은 악업의 책임에서 해방될 수 없습니다."

'뿌린 씨는 거둬야 한다.'는 말은 얼른 보기에도 인과 응보의 이치를 나타내고 있다. 그러나 이 말에는 또 한 가지, 뿌린 이상은 책임을 져야 한다는 적극성도 포함하고 있다고 보아야 한다. 아무리 그것이 바뀌어 간다 해도 자기의 책임을 면할 수는 없는 것이다.

과정의 중요시

윤회라는 사상은 소극적인 생각에 지나지 않는 것으로 보일 것이다. 그러나 인도 사상계 전반에 만연해 있던 이 사상을 불교가 어떻게 변용시켰는가 하는 점을 주목해야 된다. 때로 불교 내부에서도 숙명론적인 사고에 빠진 경향도 있었다는 것은 인정해도 좋으나, 한편 스스로의 노력과 결의에 의해 그것을 타개해 가고자 하는 적극적인 일면이 있었다는 것을 망각해서는 안 되겠다. 오히려 그런 면이야말로 불교 본래의 성격이었던 것이다. 동시에 과정의 중시를 의미한다고 보아도 된다. 원인과 결과만에 치중하는 것이 아니라, 그 과정을 관찰함으로써 가치 판단을 하고자 하는 것이 불교의 가르침이었다.

붓다는 항상 '처음도 좋고, 중간도 좋고, 끝도 좋으라.' 고 설하셨거니와, '중간도 좋고' 의 한마디는 천근의 무게가 있다 할 것이다. 어떤 좋은 결과도 거기에 이르는 과정이 좋지 않다면 아무 가치가 없다. 여기 나온 비유는 그런 점에서 매우 중요하다. 이런 비유가 다시 다섯 개나 들어진 것을 보아도 얼마나 중요시되고 있는가를 알 수 있다. 그 중에는 인도다운 비유도 섞여 있어서 재미있다.

1) 남의 벼나 사탕수수를 훔친 경우에도, 망고를 훔친 때와 마찬가지다.
2) 어떤 사람이 불을 피우고 쬐다가 끄지 않은 채 떠나갔기

때문에, 그 불이 번져서 남의 밭을 태웠다. 그로 인해 고소되었으나, 내가 끄지 않았던 불과 이 사람의 밭을 태운 불은 다른 것이니까 나는 처벌 받을 것이 없다고 주장한다 해도, 그것은 받아들여지지 않는다.

3) 어떤 사람이 등불을 들고 옥상에 올라가 밥을 먹다가, 그 불이 지붕에 번져서 마침내 온 마을을 태워 버렸다. 법정에 선 그 사람은 자기가 밥 먹을 때 사용한 불과 마을을 태운 불은 다른 것이므로 자기는 마을이 전소한 데 대해 책임이 없다고 버텨도, 역시 유죄임에 틀림없다.

4) 어떤 사람이 나이가 아직 어린 소녀와 약혼하여 사주를 보내고 그 지방을 떠났다. 그 뒤 소녀가 성장했을 때 다른 사람이 사주를 보내고 결혼해 버렸다. 그때 예전 약혼자가 나타나 왜 남의 약혼자와 결혼했느냐고 대들자, 네가 약혼한 어린 소녀와 내가 결혼한 다 자란 처녀는 다른 사람이라고 대답하면 어찌 될까? 아무리 둘째 번 사나이가 우긴다 해도, 처음 약혼했던 사람의 주장이 옳다.

5) 어떤 사람이 목자에게서 한 병의 우유를 산 다음, 그것을 목자에게 맡겨 놓고 갔다. 다음날 나타난 그 사람은 우유가 응고되어 있는 것을 보고 내가 산 것은 응고된 우유가 아니니까 다른 것을 내라고 요구했다. 목자는 당신이 샀던 우유가 이렇게 된 것이니까 나는 모른다고 거절했다면, 어느 쪽이 정당할까? 비록 우유를 샀던 사람이 무어라고 말하든 자기가 산 것이 그렇게 변한 것이니까, 목자의 주장

이 옳다.

　이 다섯 개의 비유는 현대인의 눈엔 대단치 않게 비칠지도 모르기는 하나, 우리 주위에 이런 일이 얼마든지 있다는 사실마저 부정하지는 못할 것이다. 법망을 피해 가며 나쁜 짓을 하고 있는 사람들의 논리에는 망고의 궤변 못지않은 것들이 얼마든지 들어 있다. 다투고 있는 양자의 주장을 들어 보면 어느 쪽이나 다 정당한 것 같지만, 사실은 자기 쪽에 유리하도록 합리화시키고 있는 데 불과하다. 인간이란 자기를 너무 사랑하는 나머지 자기에게 대해서는 맹목이 되어 버린 것일까? 사회가 있고 난 다음에 내가 있는 것이라면, 남을 더 이해하여 주는 마음씨가 필요할 것이다.

행위의 책임

행위와 심성(心性)

앞에 나온 말에 명칭·형상이라는 것이 있었다. 그 말을 메난드로스 왕은 추궁했다.

"존사 나가세나여, 당신은 명칭·형상이라는 말을 자주 쓰셨습니다만, 그 명칭이란 어떤 것이며 형상이란 무엇입니까?"
"대왕이시여, 그 중에서 조대(粗大)한 것이 형상이요, 미세(微細)한 마음과 마음의 작용과의 현상이 명칭입니다."
"존사 나가세나여, 어떤 이유로 명칭만이 다음 세상에 태어나는 일도 없고, 또 형상만이 다음 세상에 태어나는 일도 없는 것입니까?"

"대왕이시여, 이것들은 서로 의존하면서 함께 하나의 것으로서 생겨나는 것입니다."

"비유로 말씀해 주십시오."

"대왕이시여, 암탉에 난황(卵黃)이 없다면, 알조차 낳지 못할 것입니다. 따라서 난황과 알은 서로 의존하면서 함께 하나의 것으로서 생기는 것입니다. 그와 마찬가지로, 대왕이시여, 만약 거기에 명칭이 존재하지 않는다면 형식마저도 존재하지 않을 것입니다. 그러면서도 이 두 가지는 하나의 것으로서 생겨나게 됩니다. 이것은 오랫동안 자연적인 도리가 되어 왔던 것입니다." (1, 2, 8)

명칭과 형상이라는 것은 현대인에게는 이해가 잘 되지 않는 말이다. 인도 고대 사상의 표현 형식을 답습하는 일은, 불교가 그 당시 사람에게 이해되기 위해서는 불가피한 조처였을 것이지만, 명칭을 정신에, 형상을 신체(물질)에 대강 바꾸어 놓고 생각하면 좋을 줄 안다. 그렇게 하면 신체(물질)가 조대하다는 것은 현실에서 감각을 통해 느낄 수 있는 것을 가리킴이며, 정신이 미세한 마음과 마음의 작용과의 현상이라 함은 인간 속에 깃들인 정신 작용이라 할 수 있게 될 것이다. 이 양자가 하나가 됨으로써 인간을 형성하고 있다는 것은 새삼 말할 것도 없겠다. '호랑이는 죽어서 가죽을 남기고, 사람은 죽어서 이름을 남긴다.'고 하거니와, 이 이름은 명성을 가리키는 말이어서, 정신 작용을 의미하는 명칭과는 다르다. 그러나 생각해 보면 인간의 행위가 그

명성을 결정하는 것이니까, 좋은 뜻에서나 나쁜 뜻에서나 인간의 마음의 작용과 그 행위가 문제되는 셈이므로 역시 같은 결과가 되는 것 같다.

시간의 초월

앞에 나온 토론에서 나가세나는 '오랫동안에 걸쳐'라는 말을 쓴 바 있거니와, 메난드로스 왕은 그것을 추궁했다.

"존사 나가세나여, 당신은 '오랫동안'이라고 하셨거니와, 그 시간이란 무엇이겠습니까?"
"대왕이시여, 그것은 과거의 시간과 현재의 시간과 미래의 시간을 말합니다."
"존사여, 시간은 존재합니까?"
"대왕이시여, 어떤 시간은 존재하고, 어떤 시간은 존재하지 않습니다."
"존사여, 어떤 것이 존재하고, 어떤 것이 존재하지 않습니까?"
"대왕이시여, 여러 형성력(形成力)은 지나가고 떨어져 가고 소멸하거니와, 여기에는 그 시간은 존재하지 않습니다. 또 사람에게는 성숙한 사상(事象)이 있고, 성숙한 사상에서 결실하여 태어나는 일이 있고, 다시 다른 처소에 가서 태어나는 상태가 있습니다만, 여기에는 시간은 존재합니다. 인간까지 포함해서 모든 생물이 다른 처소에 태어난다면, 거기에는 시간은 존재합니다. 생물들이 죽은 다음 다른 처소에 다시 태어나는 일이 없으면, 거기에는 시간은 존재하지 않습니다. 완전한 편안(涅槃)에 든 사람에게는 시간은 존재하지 않습니다. 왜냐하면 그런 사람들은 완전한 평화를 얻고 있는 까닭입니다." (1, 2, 9)

완전한 편안(열반)에 이른 자에게는 시간이 존재하지 않는다는 생각은, 불교가 시간을 특별한 실체로서 인정하지 않고 있다는 뜻이 된다. 또 시간은 과거 · 미래 · 현재에 걸친 것이라 했거니와, 인간이 살아가는 데 있어서도 때로는 좌절을 맛보기도 하고, 때로는 되돌아서기도 한다. 그런 인생 행로의 뜻을 시간의 원어인 addhāna가 갖고 있음을 알아야 하겠다. 이 인생 행로가 완전한 편안에 연결될 때만 시간을 초월할 수 있는 것으로 본 것이다. 그러므로 불교에서는 한 순간의 시간조차 매우 소중히 여긴다.

세상에는 시간을 어떻게 보낼까 하고 시간에 지쳐 있는 사람도 많다. 그러나 하루를 길다고 생각하거나 짧다고 여기는 것은 각자의 생각에 따라 결정되는 문제다. 충실하게 자기 일에 몰두할 때에는 시간은 짧은 것이요, 열중할 것을 지니지 못한 사람에게는 영원같이 길게 느껴질 것이다. 그러기에 불교에서는 모든 관심과 노력을 현재라는 한 시점에 집중하려 든다. 붓다가 이 세상에 나타나신 한 가지 목적을 '일대사(一大事)의 인연'이라 하거니와 선종에서는 '일대사란 오늘의 지금을 말함이다.'라고 받아들이기까지 하는 것이다. 이 경지에 이르면 인생이 무상하다는 생각 같은 것은 먼 추억과도 같이 날아가 버리고 만다. 현재의 한 순간 속에 모든 것이 집중됨으로써 과거도 미래도 스러져 버린다.

다시 이 문제와 관련하여 중국 선종의 일화를 인용하자.

예주(澧州) 용담사(龍潭寺)의 산기슭에 가게를 내고 있는 노파가 있었다. 거기에 덕산(德山)[1]이 나타났다. 그는 지금 구도의 여행을 하고 있는 중이었다. 그는 노파에게 점심을 먹게 해 달라고 요구했다.

"그런데 등에 지고 계신 것은 무엇인가요?"
"금강반야경의 주석이오."
"그러면 제가 하나 묻겠어요. 그 금강경에는 '과거심 불가득(不可得), 현재심 불가득, 미래심 불가득'이라는 문구가 있는데, 대사께서는 어느 심(마음)으로 점심을 드시겠다는 것인지 모르겠군요?"

이제껏 금강경의 대학자로 자처하던 덕산은 이 질문에 꽉 막히고 말았다. 그래서 점심도 못 얻어 먹고 쫓겨 갔다.

'과거심 불가득, 현재심 불가득, 미래심 불가득'의 심과 점심의 심을 연결하여 추궁하는 물음에, 형이상학적인 학설로만 차

---

[1] 중국 승려(782~865). 금강경을 연구하다가, 숭신(崇信) 밑에 가서 크게 깨달았다 한다. 그 기연이 된 것이 떡 파는 노파와의 문답. 시호는 견성 대사.

있던 덕산으론 임기 응변할 수가 없었던 것이었다. 이 '불가득'은 '인식할 수 없다.'는 의미로, 마음이니 시간이니 하는 것이 존재하지 않는다는 것, 그것을 초월해야 한다는 것을 나타내고 있다고 보아도 될 것이다. 나가세나가 대답한 바에 의하면 형성력도 형상적 시간을 초월하고 있었다. 결국은 현재의 비시간성(초월성)에 눈을 뜨라는 의미리라. 선문답에 나타난 시간론은 나가세나의 그것과 약간 차이가 있을지 모르나, 대체로 비슷하다 해도 될 것 같다.

시간론

시간의 영원성

다음으로 문제가 된 것은 시간의 영원성이었다.

"존사 나가세나여, 무엇이 과거 시간의 근본입니까? 무엇이 미래 시간의 근본입니까? 무엇이 현재 시간의 근본입니까?"

"대왕이시여, 과거의 시간과 미래의 시간과 현재의 시간의 근본은 무명(無明)입니다. 무명을 연(緣)으로 하여 형성력이 생깁니다. 형성력을 연으로 하여 식별 작용이 생기고, 식별 작용을 연으로 하여 명칭·형상이 생기고, 명칭·형상을 연으로 하여 여섯 가지 감각 기관이 생기고, 여섯 가지 감각 기관을 연으로 하여 접촉이 생기고, 접촉을 연으로 하여 감수(感受)가 생기고, 감수를 연으로 하여 사랑이 생기고, 사랑을 연으로 하여 집착이 생기고, 집착을 연으로 하여 소위 업(業)이 생기고, 업을 연으로 하여 생(生)이 생기고, 생을 연으로 하여 노사(老死)와 근심·슬픔·고통·번민이 생깁니다. 시간의 최초의 기점은 인식되지 않습니다."

과거·현재·미래의 시간의 근본은 무명(진리에 무지함)이라 하여, 불교의 근본인 12인연에까지 이야기가 번졌다. 이 연기(緣起)[2] 사상이 상의성(相依性)·상관성(相關性)을 근거로 하고 있음은 이를 것도 없는 일이지만, 여기서는 무명이 가장 중요하게 여겨지고 있다. 우리가 세상에 태어났을 때에는 적어도 현재보다는 무구(無垢)했을 것이다. 그러나 자라면서 온갖 것을 알게 되고 교활함까지 배우게 된다. 그것이 원인이 되어 미혹 속에 빠져들어 가는 것이니, 그것이 바로 무명이다. 이 무명을 조건으로 해서 죽음이라든지 슬픔·근심까지 생기게 되어, 이에 짓눌려 버리는 것이 우리 인간이다. 그리고 시간이란 인간의 그런 미혹의 상태에서 나왔다는 것이다.

윤회의 생존에 처음은 없다

"존사 나가세나여, 당신은 '시간의 최초의 기점은 인식되지

---

2) 모든 것은 어떤 조건(인연)에 의해 이루어졌으므로, 실체니 자아니 하는 것은 없다는 이론. 불교의 기본이 되는 사상.

않는다.'고 하셨습니다. 그것에 대해 비유를 들어 주십시오."

"대왕이시여, 작은 씨를 땅에 심으면 싹이 나고 점점 자라나서, 드디어 열매를 맺게 될 것입니다. 또 그 열매가 씨가 되기 때문에 새싹이 나오고, 그것이 자라 다시 열매를 맺게 됩니다. 이런 일의 반복에는 끝이 있겠습니까?"

"존자여, 끝은 없습니다."

"대왕이시여, 그것과 마찬가지로 시간의 최초의 기점도 인식할 수 없는 것입니다."

"대왕이시여, 닭이 알을 낳고, 알에서 닭이 나옵니다. 이런 작용에는 끝이 있겠습니까?"

"존자여, 끝이 없습니다."

"대왕이시여, 그것과 마찬가지로 시간의 최초의 기점도 인식되지 않는 것입니다." (1, 3, 2)

다시 나가세나는 땅에 원을 그린 다음 메난드로스 왕에게 말했다.

"대왕이시여, 이 원에 끝이 있겠습니까?"

"존사여 끝이 없습니다."

"대왕이시여, 붓다께서는 이런 원의 이치(순환)를 설하신 바 있습니다. 눈과 빛깔과 형태에서 눈의 식별 작용이 일어나, 이 세 가지가 합쳐진 상태가 접촉이며, 접촉을 연으로 하여 감수가 일어나고, 감수를 연으로 하여 애착이 일어나고, 애착을 연으로 하여 업(業)이 일어나고, 업에서 다시 눈이 생기게 된다고 하셨습니다. 이런 연속에 끝이 있겠습니까?"

"존사여, 끝은 있을 수 없습니다."

요즘도 '닭이 먼저냐, 달걀이 먼저냐.' 하고 논쟁하는 일이 있거니와, 같은 내용이 2천 년 전에도 논의되었다는 것은 아무리 시대가 달라져도 사람의 생각은 크게 달라지지 않음을 말하는 것일까? 이것은 수학으로도 증명되는 문제다. 아무리 많은 수효를 늘어놓아 보아도 무한에는 이르지 못한다. 백 년 동안 타자기로 숫자를 찍어 간다 해도 그것이 수의 끝이라고는 할 수 없다. 무한에서 볼 때는 그야말로 무한분의 일에도 해당되지 않는 적은 수효에 지나지 않을 것이다.

시간의 처음이나 끝에 대해 아무리 논해 보았자, 그 무슨 이익이 돌아올 것도 아니겠다. 그러므로 씨에서 싹이 나고 이것이 자라 열매를 맺는 작용이 언제 끝날 것인가에 관심을 가질 것이 아니라, 오히려 씨 뿌리는 그 일에, 또는 곡식을 키우는 그 일에, 정성과 노력을 기울여 가는 것이야말로 우리의 의무라 하겠다. 이 비유에서도 현재를 중요시하라는 교훈을 배우는 쪽이 훨씬 유익한 일이라 할 것이다.

이 대화는 다시 비유를 거듭하면서 '최초의 기점이 인식되지 않는다.'는 이치를 설명해 갔거니와, 결국은 윤회의 시간에는 끝이 없는 것같이 처음도 없다는 불교의 입장을 다시 한 번 밝힌 결과가 되고 말았다.

무영혼설

윤회 사상을 논하다가 보면, 으레 언급되게 마련인 것이 영혼의 유무에 관한 문제다. 그리스 사상이 영혼을 인정하는 데 대해 불교는 처음부터 이를 부정하는 입장을 취해 왔다.

"존사 나가세나여, 영혼은 있다고 생각하십니까?" (1, 3, 6)

나가세나는 도리어 반문했다.

"대왕이시여, 영혼이란 대체 무슨 뜻입니까?"
"존사여, 눈으로 빛깔이나 형태를 보고, 귀로 소리를 듣고, 코로 냄새를 맡고, 혀로 맛을 알고, 피부로 촉감을 느끼고, 뜻으로 사물을 분별하는, 그런 작용의 주체가 되는 개별적인 상태가 영혼입니다. 이를테면 우리가 이 궁전 안에 앉아 있으면서 마음먹는 대로 어느 창으로든지 밖을 내다볼 수 있는 것 같다고 할 수 있습니다. 동쪽 창에서 바라볼 수도 있고, 서쪽 창에서 바라볼 수도 있고, 북측·남측 창에서도 바라볼 수 있습니다. 존사여, 그것과 우리 속에 있는 개별적 자아는 뜻대로 어느 문(감각 기관)을 통해서나 볼 수가 있는 것입니다."

이에 대해 나가세나는 직접 대답하는 대신 다섯 개의 문에 대한 이야기를 시작했다. 만약 속에 있는 영혼이 눈으로 빛깔이나 형태를 보는 것이라면, 그렇다면 자기 뜻대로 창문을 선택하여, 눈만이 아니라 다른 감각 기관의 어느 것으로나 빛깔과 형태를 볼 수는 없겠는가. 그와 같이 모든 감각 기관에 의해 음성을 듣기도 하고, 맛을 알기도 하고, 냄새를 맡기도 하고 접촉을 느끼며 사상(事象)을 식별할 수는 없겠느냐는 것이었다.

"존사여, 그럴 수는 없습니다."
"대왕이시여, 다만 한 감각 기관을 통해서만 사물을 볼 수 있다고 하면, 어느 창으로나 밖을 바라볼 수 있다는 비유는 성립되지 못할 것이 아니겠습니까? 대왕이시여, 만일 창을 열고 얼굴을 밖으로 내민 다음 나무나 꽃을 바라본다면 허공을 통해서 (창을 통하는 것보다는) 더 잘 바라볼 수 있을 것입니다. 그와 마찬가지로, 눈이라는 감각 기관이 제거된다면, 속에 있는 영혼은 빛깔이나 형태를 더 잘 볼 수 있지 않겠습니까? 또 귀가 제거되고, 코가 제거되고, 피부가 제거된다면, 소리를 더 잘 듣고, 냄새를 더 잘 맡고, 촉감을 더 잘 느끼게 되지는 않겠습니까?"

"존사여, 그렇지는 않습니다."

이에 나가세나는 왕의 비유가 주장과 일치하지 않는다고 공박했다. 그래서 왕은 대체 어떻게 생각해야 조리가 서느냐고 물었다.

"대왕이시여, 눈의 식별 작용이 일어나는 것은 눈과 빛깔과 형태에 의함입니다. 더욱 그것과 함께, 촉감·지각·의사·통일 작용·생명력·주의 작용 같은 것도 동시에 생겨나는 것입니다. 이와 같이 이런 일들은 다 연(緣)에서 생기는 것입니다. 그러므로 영혼이 존재한다고는 생각할 수 없습니다."

연기설에 입각하는 불교로서는 영혼이라는 것은 처음부터 인정할 수 없는 문제다. 이 사실을 어떻게든 이해시키려고 나가세나는 무척 애를 쓰고 있다.

메난드로스 왕은 그래도 다시 물었다.

"존사 나가세나여, 영혼의 존재를 인정할 수 있습니까?"
"대왕이시여, 승의(勝義)에서는 영혼의 존재를 인정하지 못합니다."

그리고 그는 개인의 존재는 모두 연(조건)으로부터 생긴 것이므로, 영원·유일한 실체는 없는 것이라는 점을 되풀이하여 설명했다.

여기서 말한 '승의에서는'이란 말은 재미있다. 세속의 관습을 따르는 의미에서는 편의상 인정해도 무방하겠으나, 진실한 의미(승의)에서는 인정할 수 없다는 것이다. 영혼 문제는 붓다가 언급을 피하신 터이지만, 시대가 다르고 더욱 외국인이 상대이매, 철저히 밝힐 필요가 있었을 것이다.

지식의 양상

천박한 인간의 지혜

많은 사람들 중
피안(涅槃)에 이르는 이는 적다.
그렇지 못한 사람들은 이쪽 기슭에서
이리저리 방황할 뿐.　　　　　　　　　　　(法句經 85)

어느 날 갠지스 강에 다가가신 붓다께서 배를 부르고 떼를 찾고 하면서 제각기 강을 건너려는 군중들을 보시고서 이런 시를 읊게 되었을까?

이 시와 관련해서 붓다가 제자들에게 말씀하신 '떼의 비유'를 생각하게 된다. 어느 때 제자들이 말하는 것을 듣고 계시던 붓다께서 비유를 들어 제자들의 의견을 물으신 적이 있었다.

매우 넓고 깊은 강이 있는데, 흐름은 빠르고, 배 한 척 보이지 않았다. 거기에 이른 한 사나이는 어떻게 하면 건널 수 있을까 망설였다. 그러는 중 어떤 생각이 머리를 스쳤다. 그는 곧 근방에 있는 나무를 베어 떼를 만들었다.

그리하여 강을 무사히 건너는 데 성공했다. 그런데 이 사람 생각에는 자기가 만든 떼야말로 아주 귀중한 것이니까, 가지고 가야 되겠다 싶어, 마침내 그것을 걸머지고 길을 떠났다.

"이 사나이의 행동은 옳다고 보느냐? 그렇게 함으로써 떼는 그 구실을 할 수 있겠는가?"

제자들은 이구동성으로 대답했다.

"붓다여, 그것을 가지고 가서는 아무 도움도 안 됩니다."
"그렇다면, 놓아 두고 갔다면 어떻겠느냐?"
"그 쪽이 훨씬 유효하게 쓸 수 있습니다."   (中部經典 22)

이 이야기에는 많은 교훈이 포함되어 있다. 우선 생각나는 것은 어줍잖은 일에 너무 얽매이는 우리의 천박한 지식이다. 이런 일을 어떻게 했으면 좋겠느냐고 누가 상의를 해도 이런 경우 저런 경우를 생각하다가, 우유부단한 나머지 제대로 결단을 못 내리는 일이 많다. 이런 태도는 도리어 지식인에게서 많이 발견된다. 떼는 강을 건너기 위해 있는 것이라면, 건너고 난 이상 이리저리 생각하는 대신 거기에 버려 두고 오면 된다. 그것이 떼를 살리는 길이 될 것이다. 그것을 이러쿵저러쿵 생각한 끝에 걸머지고 걷는다는 것은 생각이 빚어낸 형벌이라 해도 좋다.

우리가 가지고 있는 지식이란 모두 상대적인 것들이다. 지구가 둥글다는 것을 알았다 하자. 그것은 하나의 지식이긴 하지만 우리의 모든 것을 풀어 주는 것은 아니다. 그것으로 인생 문제가 해결되지는 않는다. 하물며 평면으로 보이는 평원을 부정할 근거는 되지 못한다. 우리가 가진 지식이란 모두 이렇게 일면적인 제한된 것들이다. 그러므로 경우에 따라서는 본질적인 인생 문제 해결에 방해가 되는 수도 있다. 떼는 강을 건너기 위해서는 필요했을지 모르나 육지에 오른 이상 이것을 버려야 하듯, 경우에 따라서 우리는 지식을 버리는 결단이 요망된다. 그리하여 적나라한 인간으로 돌아가 진실과 대결할 필요가 있게 되는 것이다.

그러면 일체를 포기하고, 법(진리)만을 지키면 되는 것인가? 이런 사람들을 위해 붓다는 또다시 경계하신 바가 있었다. 법이란 배나 떼 같은 것이다. 우리가 이상적 경지에 도달하기까지는 그것에 의지할 수밖에 없으려니와, 도달한 이상 법은 이미 존재하지 않게 된다. 만일 그 후에도 이것에 사로잡혀 있는 사람이 있다면, 기슭에 오른 다음에도 떼를 걸머진 사나이와 무엇이 다르랴. 그러므로 진리에 집착하는 것도—아니 이것이야말로 최대의 집착이다—옳지 않다. 진리에 대한 집착도 버려야 한다는 것이 진리인 까닭이다.

길게 비유까지 인용하면서 이야기했거니와, 우리의 지식이란 것이 얼마나 하잘것없는가를 말하고자 한 것에 불과하다.

그런데 나가세나와 메난드로스 왕의 대화에서는 지식이 중요하게 여겨지고 있다. 그러면 어떤 의미에서 중요하게 여겨진 것인가?

지식의 중시

"존사 나가세나여, 지식이 생긴 사람에게는 지혜도 생길까요?"

"대왕이시여, 말씀대로 지식이 생긴 사람에게는 지혜도 생깁니다."

"존사여, 지식과 지혜는 동일한 것입니까?"

"그렇습니다, 대왕이시여. 지식과 지혜는 동일합니다."

"존사여, 그것이 생긴 사람은 갈팡질팡하는 일이 있습니까, 아니면 갈팡질팡하는 일이 없습니까?"

"대왕이시여, 어떤 일에는 갈팡질팡하고, 어떤 일에는 갈팡질팡하지 않습니다."

"존사여, 어떤 일에 갈팡질팡하고, 어떤 일에 갈팡질팡하지 않습니까?"

"대왕이시여, 일찍이 알아 두지 않았던 기술 분야, 또는 일찍이 가본 적이 없었던 지방 사정, 또는 일찍이 들은 적이 없었던 명칭 · 형상 등에 대해서는 갈팡질팡합니다."

"어떤 일에 대해 갈팡질팡하지 않습니까?"

"대왕이시여, 그 지혜에 의해 '무상하다', '괴로움이다', '무아다'라고 이해할 때, 그것에 대하여는 갈팡질팡하지 않습니다."

"존사여, 지혜가 구비된 사람의 미혹은 어디로 가겠습니까?"

"대왕이시여, 지식이 생기는 순간, 미혹이 없어집니다."

"비유를 들어 주십시오."

"대왕이시여, 누가 어두운 집 속에서 등에 불을 켠다면 그것으로 어둠은 사라지고 집안이 밝아질 것입니다. 그것과 같이 지식이 생기는 것과 동시에 미혹은 스러지는 것입니다."

"존사여, 그러면 지혜는 어디로 가겠습니까?"

"대왕이시여, 지혜도 제 구실을 마치면, 그것으로 없어집니다. 그러나 그 지혜에 의해 얻어진 것, 즉 '무상하다', '괴로움이다', '무아다' 하는 이치는 없어지지 않습니다." (1, 2, 3)

미지의 기술, 간 적이 없는 지방, 들은 적 없는 명칭 따위는 요즘 눈으로 본다면 지식의 문제다. 그런 지식이 모자라서 미혹하는 일이 있다면 그것은 부끄러운 일이 아니다. 그에 비해 무상 · 고 · 무아 같은 이론은 불교가 표방하는 주요 개념이므로 예사 지식과는 다르다. 그것이야말로 현상의 배후에 있는 이법(理法)을 인식하는 정신 작용, 즉 지혜임에 틀림없다.

1) 모든 존재는 변한다(諸行無常).
2) 모든 존재에는 실체가 없다(諸法無我).
3) 모든 것은 괴로움이다(一切皆苦).

하는 것은 불교가 내세우는 네 가지 기치(四法印)[3] 중의 세 가지다. 또 그것은 붓다의 깨달음의 경지이기도 하다. 그러기에 지식으로 흡수한 것이 아니라, 긴 수행을 통해 얻은 것이라고 보아야 할 것이다. 그런데 비유에서는 지식의 위치가 높게 설정되어 있다. 따라서 다른 네 가지 비유까지 검토하는 것이 이해에 도움이 될 것이다.

"존사 나가세나여, 당신은 '지혜도 제 구실을 마치면 그것으로 없어집니다. 그러나 그 지혜에 의해 얻어진 것 즉 무상하다, 괴롭다, 무아다 하는 이치는 없어지지 않습니다.'라고 하셨습니다. 그것에 대해 비유로 설명해 주십시오."

"대왕이시여, 어떤 사람이 서기를 불러 불을 켜고 편지를 쓰게 했습니다. 편지 쓰기가 끝났을 때, 서기를 내보내고 불을 껐다고만 하면, 불은 꺼졌지만 편지는 없어지지 않았을 것입니다. 대왕이시여, 그것과 마찬가지로 그 지혜가 없어져도 인식한 무상·고·무아의 진리는 없어지지 않을 것입니다."

"다시 비유를 들어 주십시오."

---

3) 본문에 나온 제행 무상, 제법 무아, 일체 개고 외에 열반 적정(涅槃寂靜)을 넣어, 4법인이라 한다.

"동쪽 지방에서는 집집마다 불 끄는 물병을 다섯 개씩 비치하고 있다는 말이 있습니다. 만일 집에 불이 났을 때, 이 병들을 지붕 위에 던지기만 하면 불이 꺼진다고 합시다. 이렇게 해서 불을 끈 사람이, 이 병들을 다시 주워다가 또 쓰려 하겠습니까?:"

"존자여, 그렇지는 않을 것입니다. '이 병들은 이미 제 구실을 다했다. 이제야 무슨 소용에 닿겠느냐.' 이렇게 말할 터입니다."

"대왕이시여, 다섯 가지 실천해야 할 능력, 즉 신앙·노력·전념·정신 통일·지혜도 이 물병과 같다고 보아야 합니다. 수행자는 불을 끈 사람 같고, 번뇌는 불과 같습니다. 마치 다섯 개의 물병으로 불을 끄듯, 수행자는 다섯 가지 능력에 의해 번뇌를 없앱니다. 그리고 한 번 없어진 번뇌는 다시 일어나는 일이 없습니다. 대왕이시여, 이와 마찬가지로 지혜도 제 구실을 마치면 그것으로 스러져야 합니다. 그러나 그 지혜로 얻은 무상·고·무아의 진리는 없어지는 일이 없습니다."

이 비유는 앞에 나온 '떼의 비유'와 같은 내용일 뿐 아니라, 다음의 두 비유와도 비슷하다.

의사가 나무 뿌리에서 얻어낸 다섯 가지 약을 병자에게 먹인 결과, 그 병을 고칠 수가 있었다고 할 때, 그 약을 다시 병이 나은 사람에게 먹이려 들 것인가.

전쟁에서 병사가 다섯 개의 화살을 써서 적군을 격파했다고 하면, 전승한 후에도 그 화살로 남을 쏠 필요가 있겠는가.

여기에 나온 다섯 가지 약과 화살은 각기 실천해야 될 다섯 능력(五力)을 가리킴이다. 그러면 나가세나가 말한 지식이란 어떤 성격의 것인가? 첫 번째의 비유에 의하면 편지를 쓰기 위해 불을 켰으나, 편지를 쓰고 나면 불은 필요가 없어진다. 이것은 상식이다. 두 번째의 경우는 약으로 병자를 치료한 이상 약을 더 먹일 필요는 없다. 이것도 상식이다. 그러나 그 상식이 오늘날이라고 해서 제대로 실행되고 있겠는가. 뻔한 일이 행해짐으로써 남에게 폐를 끼치고 있는 예가 우리 주위에는 너무나 허다한 것이다.

나가세나가 말하는 지식이란 책을 읽어서 배우는 따위의 것이 아니라, 인간이 인간답게 살려고 할 때 얻어지는 지식, 즉 오늘의 지혜에 가까운 것인지도 모르겠다.

약의 처방법을 모른다는 것은, 약사 아닌 보통 사람에게는 수치도 아무것도 되지 않는다. 그가 주위에 폐가 안 되도록, 남에게 조금이라도 도움이 되도록 살아간다고 하면, 아무리 무심한 사람이라도 지혜롭다 할 수 있다. 어리석은 츄라판타카는 한 가지 일에 전념함으로써 훌륭히 깨닫지 않았는가. 종교의 특질은 이런 데에 있다.

열반
영원한 편안

열반의 뜻

 팔순 고령이 된 붓다는 마지막 여행 길에 올라 많은 사람을 교화하신 끝에 바바라는 마을에 도착하셨다. 이 마을에서는 대장간을 하고 있는 춘다의 정원에 머무시면서 법을 설하셨다. 설법에 감동한 춘다는 정성껏 붓다를 공양했다. 그러나 이 음식을 잡수신 붓다는 병에 걸려 엄청난 고통을 맛보아야 했다. 붓다는 그 고통을 잘 참으시며 조금도 내색을 하지 않으셨다. 그러나 임종이 가까워 옴을 아신 붓다는 제자 아난다에게,

 "우리는 구시나가라로 가자."

하고 말씀하셨다. 거기에 도착하신 붓다는,

"나는 팔순 고령이 되어, 내 몸은 가죽끈으로 붙잡아 매 놓은 낡은 수레같이 되고 말았다. 아난다여, 너희들은 자기를 등불로 하고, 자기를 의지해라. 법(진리)을 등불로 하고, 법을 의지해라."

하고 말씀하시고, 의문이 있으면 서슴지 말고 물으라 하신 다음, 고통 속에 계시면서도 친절히 가르쳐 주셨다. 그러고는,

"비구들아, 이것으로 이별하자. 모든 현상은 변한다. 부지런히 힘써야 한다."

하고 이르셨다. 이것이 마지막 말씀이 되었다. 붓다께서는 완전한 편안(涅槃)에 드신 것이다. 기원전 338년의 일이었다.

열반이란 이렇게 붓다의 죽음을 의미하는 말이거니와, 그것만이 열반의 전부는 아니다. 말 자체를 따지자면 산스크리트로는 니르바나(nirvāṇa)라고 하며, '끈다'는 동사에서 나왔다. 무엇을 끄느냐 하면, 번뇌를 끈다는 것으로 되어 있다.

굶주림은 더없는 병,
모든 존재는 최상의 고통.
이 이치를 있는 대로 알면

거기에 또없는 즐거움,

열반은 나타나리. (法句經 203)

굶주림은 욕망을 일으킨다. 배가 고픈 사람은 먹는 것 이외에는 생각나지 않듯이 우리의 모든 욕망은 그 충족을 갈망한다. 여기에서 인생의 모든 고통과 과오가 시작된다. 그리고 우리는 모든 사물에 집착한다. 그것이 사람이든 물질이든, 마치 그것이 영원 불변하는 것이거나 한 듯 거기에 마음을 쏟는다. 모든 것은 어떤 조건(인연)에 의해 나타난 것임을 잊고, 즉 일정한 실체가 없으며 신속히 변모해 갈 것이라는 것을 모르고 그것에 집착해 버린다. 돈에, 지위에, 애인에, 자식에 얽매인다. 여기에 인생이 고통일 수밖에 없는 원인이 있는 것이다.

그러므로 이런 양상을 참으로 달관한 사람이라면, 그 원인을 제거하지 않을 수 없을 것이다. 그리하여 병의 원인인 욕망을 끊고 고통의 원인인 집착을 떠나 버린다면, 거기에 이제껏 경험한 바 없는 낙천지가 나타나게 된다. 그것이 열반이라는 것이다.

따라서 열반은 죽음의 뜻일 수만은 없다. 붓다의 위대한 죽음! 그것은 확실히 열반임에 틀림없으려니와, 살아 계시는 동안의 붓다라고 열반의 경지에 있지 않았다고는 못할 것이다. 모든 번뇌를 끊음으로써 붓다가 되는 순간부터 열반의 경지에서 살고, 열반을 실천해 오신 붓다임을 알아야 한다. 살아서 열반에 못 든 사람은 죽어서도 열반에 들어가지는 못하는 것이다.

그러면 열반이란 현실적으로는 어떤 의미를 갖는가? 그것은 적정(寂靜)이라는 말로 표현되듯, 모든 활동이 끊어진 상태에 그치는 것인가? 물론 일체의 번뇌가 끊어진 점에서는 적정의 상태, 그것일 것이다. 그러나 거기에만 머물지는 않는다. 그것은 바로 중생 구제의 대자비가 되어야 한다. 붓다는 깨닫고 나신 다음, 하루도 자기를 위해 안일하게 보내신 적이 없으셨다. 임종의 시간까지 제자를 위해, 인류를 위해 소비하셨다. 이것이 열반의 활동인 것이다. 그러므로 열반이야말로 사람이 가장 사람답게 사는 일이라 해도 된다. 불교가 한결같이 열반을 이상으로 내세우는 이유도 물론 여기에 있는 것이겠다.

번뇌의 소멸

열반의 어의가 '끈다'는 말에서 나온 것처럼, 타오르는 번뇌의 불길이 꺼져서 깨달음이 완성된 상태가 열반이다.

"존사 나가세나여, 열반이란 소멸의 뜻입니까?"
"대왕이시여, 그렇습니다. 열반이란 소멸의 뜻입니다."
"존사여, 어째서 열반이 소멸의 뜻이 됩니까?"
"대왕이시여, 범부는 누구나 감각의 대상이 되는 것들을 좋아하고, 이야기하고, 애착하고 있습니다. 그들은 그런 흐름에 떠밀려 감으로써, 생·노사·근심·슬픔·고통·번민으로부터 벗어나지 못하는 것입니다. 대왕이시여, 가르침을 잘 이해하는 성스러운 수도자는 감각의 대상을 기뻐하지 않고, 이야기하지 않고, 애착하지 않습니다. 애착하지 않으므로 업이 소멸하고, 업이 소멸했으므로 생(生)이 소멸하고, 생이 소멸했으므로 노사·근심·슬픔·고뇌·번민이 소멸합니다. 이렇게 모든 고뇌가 소멸합니다. 대왕이시여, 이같이 열반은 소멸을 의미합니다." (1,4,7)

고뇌의 원인은 인간이 갖는 애착과 집착에 있다. 자기가 사랑하는 것을 영구 불변하는 것으로 생각하여, 자기 본위로 한 개의 관념을 만들어 버리는 것이다. 이렇게 대상을 고정시켜 놓는다면, 그 사랑에 타격이 가해질 것은 뻔한 이치다. 왜냐하면 영구적인 것이란 아무 데도 없으며, 변화(무상)야말로 모든 존재의 본질이요 법칙인 까닭이다.

그러기는 해도 인간인 바에야 사랑하게도 될 것이다. 다만 자기가 사랑하는 그 대상이 아무 실체도 없는 것이고, 따라서 영구성이 보장되어 있지 않다는 것을 미리 알고 있다고 하면, 만일의 경우에도 그 변화를 당연한 것으로 담담하게 받아들일 수 있게 될 것이다. 그것 때문에 새삼 고뇌의 쓴 잔을 마시지 않아도 될 터이다. 그러나 모든 사람이 그런 상태를 얻을 수 있겠는가?

"존사 나가세나여, 모든 사람이 열반을 얻게 되겠습니까?"
"대왕이시여, 모든 사람이 열반을 얻게 되는 것은 아닙니다. 그러나 대왕이시여, 바르게 실천하고, 알아야 할 진리를 충분히 알고, 이해하여야 될 진리를 이해하고, 제거해야 할 일을 제

거하고, 수득해야 할 것을 수득하면, 그런 사람은 열반을 얻게 됩니다." (1, 4, 8)

누구라도 열반을 얻을 수 있느냐는 물음에 대해 얻을 수 없다고 일단 강하게 부정하는 곳에 이 문답의 특색이 있다. 불교의 이상이 열반이라 하지만 불교를 앞서 신봉하는 것이 선결 조건이 되기 때문이다. 불교를 지식이나 학문으로서 배운대도 그것은 불교의 세계와는 아무 관계도 없음을 알아야 한다. 열반은 지식으로서 파악될 성질의 것이 아니라, 몸으로 얻어지는 진리인 것이다. 이 문답은 짧지만, 말해야 할 점을 정확하게 지적하고 있다 하겠다.

그런데 불교에서는 열반이 매우 안락한 경지임을 자주 강조하였다. 앞에 든 『법구경』의 시도 그랬거니와, 그것에 이어 이런 노래도 나온다.

근심 없음은 더없는 이익,
족함을 앎은 더없는 재물,
신뢰야말로 더없는 친척,
열반은 바로 최상의 안락. (法句經 204)

이런 예는 얼마든지 들 수 있다. 그러나 메난드로스 왕은 그래도 이해가 가지 않았다. 그리스 사상에 젖어 있는 왕에게는 절대적 정적·소멸이라는 생각이 좀처럼 받아들여지지 않았던 것인가?

열반의 경지

"존사 나가세나여, 아직 열반을 얻지 못한 사람도 열반은 안락하다는 사실을 알 수가 있을까요?"

"대왕이시여, 아직 열반을 얻지 못한 사람도 열반은 안락하다 함을 알 수 있습니다."

"존사 나가세나여, 어찌하여 아직 열반을 얻지 못한 사람도 열반은 안락하다는 사실을 알 수 있습니까?"

"대왕이시여, 이 일을 어떻게 생각하십니까? 손발을 아직 잘린 일이 없는 사람도 손발을 잘리는 것은 고통이라는 사실을 알고 있겠습니까?"

"존사여, 그것이야 물론 알고 있을 것입니다."

"어떻게 하여 알게 되었겠습니까?"

"존사여, 손발을 잘리는 사람의 비명을 듣고, 손발을 잘리는 것은 고통이라는 것을 알게 되었을 것입니다."

"대왕이시여, 그것과 마찬가지로 열반을 아직 얻지 못한 사람도, 그것을 얻은 사람이 하는 말을 듣고, 열반이 안락하다는 사실을 알게 된 것입니다." (1, 4, 9)

자기가 경험하지 않고는 알 수 없다고 단념할 필요는 없을 것이다. 우리는 남의 말을 통해, 그 신음 소리를 통해, 또는 남이 쓴 책을 통해 경험한 적 없는 새 사실을 이해할 수 있다. 자기가 당하는 일이 아니라 해서 손발이 잘리는 자의 비명을 마이동풍처럼 흘려 버릴 수는 더욱 없는 문제다. 남의 고통을 제 것으로 받아들이는 곳에 불교가 있는 것이겠다. 마찬가지로 붓다의 경지라는 열반도 그것이 남의 문제일 수는 없다. 그것을 우리 생활 속에, 힘이 모자란다면 최소한으로라도 살려 가고 실현해 가는 곳에 불교의 사명이 있고 의무가 있는 것이겠다.

나는 이 항목을 쓰면서, 오늘이 히로시마에 원폭이 투하된 지 20년째 되는 날이라는 것을 텔레비전을 통해서 알았다. 내가 원폭 피해를 당하지 않았다는 것만으로 문제가 끝날 수는 없다. 남들이 그렇게 희생됐다는 것은, 20년이 지난 오늘에도 여전히 나의 문제가 되고, 우리의 문제가 되고, 전 인류의 문제가 되지 않을 수 없다. 저 세상에서의 편안이 아니라 이 현실에서 어떻게 영원한 평화를 수립해 가느냐 하는 것이 오늘날 우리의 문제로 제기되고 있는 것이다. 이런 우리의 절규·우리의 소망이야말로 바로 열반을 구하는 마음이라고도 할 수 있을 것이다.

열반이라는 말을 현대 학자들은 '평화'라 번역하기도 하고, '영원한 편안'이라고도 하거니와, 그것은 금시에 무너지는 그런 평화가 아니라, 절대적인 평화의 세계라 보아야 하겠다. 우리 개인 속에 또는 이 사회 현실 속에 이런 절대적 평화를 가져오는 일이야말로 온 인류가 나아가야 할 길임에 틀림없다.

열반을 아득한 어느 지점에 있는 이상이라고 생각해서는 안 된다. 그렇게 생각해도 좋지만, 그 이상은 현실 속에 살려 나가야 한다. 만일 이상과 현실이 따로따로라면, 우리가 애써 열반에 다다르고자 애쓸 필요도 없을 것이다. 이 생사와 번뇌가 뒤끓고 있는 현실에서 평화와 안정을 개인적으로 사회적으로 수립해 가는 일이야말로 열반의 참다운 실현이다. 우리의 생활 자체가 그대로 열반은 아니겠으나, 열반이 되도록 살아가야 하는 것이다. 열반이 곧 생사요, 생사가 바로 열반이라는 말이 생긴 이유도 여기에 있을 것이다.

출가의 의의

목적 있는 생활

붓다는 불교 신자가 되고자 하는 사람이 있을 때, 신중히 행동할 것을 권고하신 예가 많다. 자이나 교의 신자이던 시하 장군이 어느 날 붓다의 설법을 듣고 감동하여 부디 신자가 되게 해 달라고 청한 일이 있었다. 그러나 붓다는,

"당신은 지위도 있고 명성도 있는 사람이다. 불교 신자가 되는 일은 다시 생각해 봄이 어떻겠는가?"

하고 좀처럼 허락하려 하지 않았다. 시하는 두 번째로 신청하러 왔다가도 마찬가지로 거절당하고, 세 번째에야 허락을 받았다.

재가 신가는 교단을 밖에서 수호해야 할 사람들이다. 새로 일어난 불교를 이상하게 보는 사람도 많았을 것이므로, 붓다께서는 신중을 기하신 것으로 믿어진다. 그러나 출가하여 수도하고자 하는 사람들에 대하여는 붓다는 적극적으로 허락해 주었다 붓다가 점점 유명해지면서 출가 희망자가 자꾸 늘어나서 부모들이 항의하는 일도 생겼다. 그래서 부모의 허락이 있어야 하는 것으로 제한되기에 이르렀다. 그 당시 인도에는 후계자가 없는 사람은 죽어서 지옥에 떨어진다는 미신이 보급되어 있었기 때문에, 아들의 출가는 큰 문제였다. 붓다는 이것을 부정하셨으나, 모든 사람을 이해시킬 수는 없는 문제였다. 또 집안의 계승, 상속의 문제 같은 것도 물의의 대상이 되었을 것이다.

그러나 붓다는 자기 종족인 샤카족, 그 중에서도 친척에게는 적극적으로 출가를 권하시기조차 하였다. 붓다의 아들인 라후라와 이종 사촌인 아난다의 경우는 본인에게 출가할 뜻이 없었는데도 어느 결엔지 출가하게 되었던 것이다. 그러나 물론 이것은 예외적인 일이었고 보통 사람들이 출가를 원하는 경우에는 설법을 들려 주는 것이 상례였다. 이리하여 감동한 청년이 출가를 결심하게 되면, 비로소 '오너라, 비구야.' 하는 것이 붓다의 태도였다. '오너라 비구야.' 라는 말은 경전에 많이 나타난다.

그런데 이 출가자의 목적이 무엇인가에 대해 메난드로스 왕은 물었다.

"존사 나가세나여, 어떤 일에 대해 이야기하여야 할까요?"

"대왕이시여, 우리는 목적을 추구하고 있습니다. 그러므로 목적에 대해 이야기함이 좋겠습니다."

"존사 나가세나여, 당신들은 무슨 목적으로 출가하였습니까? 또 당신들의 최상의 목적은 대체 무엇입니까?"

"대왕이시여, 우리는 '이 괴로움은 소멸하고, 다른 괴로움은 생기지 말도록 되었으면' 하는 목적으로 출가했습니다. 대왕이시여, 우리의 최상의 목적은 어떤 집착도 남지 않은 완전한 편안(열반)의 경지입니다."

"존사 나가세나여, 그러나 모든 사람이 그런 목적으로 출가하는 것일까요?"

"대왕이시여, 그렇지는 않습니다. 어떤 사람들은 이런 목적으로 출가하지만, 어떤 사람들은 왕에 대한 공포에서 피하기 위해, 도둑에 대한 공포에서 피하기 위해, 빚에서 피하기 위해, 또는 생활을 위해 출가하기도 합니다. 그러나 바르게 출가하는 사람들은 이 목적으로 출가합니다." (1, 1, 5)

나가세나 시대에는 불교 교단도 매우 비대해져 있었다. 그것만이 아니었다. 붓다 시절에도 잘못 생각하고 출가한 사람이 있었던 만큼, 교단이 커짐에 따라 좋지 않은 동기로 출가하는 자의 수효도 늘어나고 있었다. 물론 불순한 동기에서 출가한 자라도 수행 여하에 따라서는 훌륭한 사람이 되지 말라는 법은 없었으나, 그런 경우는 있었다 해도 극히 예외였을 것이다. 그러므로 한마디로 도매값을 매길 수는 없겠지만, 그 마음씨 자체에는 같은 수도승이면서도 천양지차가 있다고 보아야 되겠다.

대답은 이것으로 충분할지 모른다. 그러나 메난드로스 왕은 다시 날카롭게 추궁했다.

"존사여, 그러면 당신은 이 목적을 위해 출가하셨던 것입니까?"

"대왕이시여, 저는 어릴 때 출가했으므로 이 목적 때문에 내가 출가한 사실을 모르고 있었습니다. 그래도 저는 이렇게 생각했습니다. '이 수행자요 붓다의 제자인 사람들은 현인이다. 그들은 나에게 유익한 것을 가르쳐 줄 것이다.' 나는 그들로부터 배움으로써, 출가의 목적이 무엇인지도 알게 되었습니다."

나가세나는 자기의 과거에 대해 가식 없이 이야기하였다. 인간에게 있어서 적나라하게 자기를 공개하는 것처럼 훌륭한 태도는 없다. 자기를 벌거벗길 수 있는 사람은 어떤 역경에 처해도 의연한 태도를 지속할 수 있을 것이다. 또 자기를 벌거벗긴 이상, 상대를 어디까지나 신뢰하고 있는 모습이 느껴져 온다. 메난드로스 왕도 나가세나의 심정을 피부로 느낄 수 있었을 것이다. 이 중과는 무엇이거나 기탄 없이 이야기할 수 있다고 생각했을 것이다. 그런 만큼 질문을 거리낌 없이 계속 진행할 수 있었던 것이다.

서원 있는 행동

목적을 지닌 행동, 그것이 불교도의 일대 지침이거니와, 후세의 대승 불교에 오면 이 목적이 큰 서원으로 발전하게 된다. 즉 모든 중생을 구해야 되겠다는 큰 목적으로 바뀌는 것이다.

메난드로스 왕은 나가세나에게 날카로운 반격을 가하였거니와, 사실은 나가세나와 이야기하기에 앞서 그것과 비슷한 토론을 아유파라라는 중과 교환한 적이 있었기 때문이었다.

"존사 아유파라여, 당신이 출가한 것은 무슨 목적 때문이었습니까? 또 당신들의 가장 높은 목적은 무엇입니까?"
"대왕이시여, 우리가 출가한 것은 법을 행하고, 적정(寂靜)을 체득하기 위해서입니다."

추상적인 문답이긴 했지만, 메난드로스 왕은 법(진리)과 적정(심신의 평정)을 실천한다는 말만으로는 출가하는 이유를 확실히 파악할 수가 없었다. 재가 생활을 통해서인들 이 목적을 달성할 수 없겠는가? 그리고 아유파라도 메난드로스 왕의 그런 의견에 동조하였다.

"그렇습니다, 대왕이시여. 재가 신자 중에도 그것이 가능한 사람도 있습니다. 미가다야(鹿野苑)에서 붓다가 설법하셨을 때, 1억 8천만의 범천(梵天)[4]이 법을 명확히 이해했었습니다.

……그들은 모두 재가 신자요, 출가자는 아니었습니다."

인도에서는 범천 같은 신들조차 세속적인 생활을 하고 있다고 믿고 있었다. 어쨌든 이 대답으로는 출가하는 의의가 명확하지 않다.

"존사 아유파라여, 그렇다면 당신들이 출가한 것은, 뜻없는 일이 아닙니까?"

이 말에 아유파라는 대답을 못했다.
당시의 인도에서는 아기가 생기고 집안도 넉넉하면, 상류 계급 사람들은 출가하여 각지를 두루 돌아다니는 풍습이 있었다. 그들은 자기 혈통이나 계급을 자랑하기 위해 출가한 것이지, 도를 구하기 위한 것이 아닌 경우가 많았다. 그러나 이런 출가라면 메난드로스 왕이 아니라 할지라도 존경하는 마음은 일어날 수 없지 않겠는가.

---

4) 색계 초선천. 그러나 여기서는 그곳을 지배하는 신.

붓다가 걸으신 길

감사

 붓다 없는 불교란 생각할 수 없다. 붓다의 원어는 Buddha로 '깨달은 사람'이라는 뜻이다. 물론 진리를 깨달은 것이다. 그 붓다야말로 불교의 중심이 되는 기둥이니까, 그것이 문제되는 것은 당연하다 하겠다.

 "존사 나가세나여, 붓다는 청정한 수행자입니까?"
 "대왕이시여, 말씀대로 붓다는 청정한 수행자이십니다."
 "존사 나가세나여, 그러면 붓다는 범천의 제자입니까?"
 "대왕이시여, 폐하께서는 가장 훌륭한 코끼리를 가지고 계십니까?"

"존사여, 말씀대로 가지고 있습니다."

"대왕이시여, 그 코끼리는 이따금 청로(靑鷺) 소리를 내는 적이 있습니까?"

"존사여, 있습니다."

"대왕이시여, 그렇다면 그 코끼리는 청로의 제자입니까?"

"존사여, 그렇지는 않습니다."

"대왕이시여, 범천은 지혜(buddhi)를 갖고 있겠습니까, 갖고 있지 않겠습니까?"

"존사여, 지혜를 갖고 있습니다."

"대왕이시여, 그렇다면 범천은 붓다의 제자가 아닙니까?"

(1, 6, 4)

메난드로스 왕은 청정한 수행자를 뜻하는 brahmacārin을, 범천 즉 Brahman을 섬기는 사람으로 해석했던 것일까? 범천은 인도 고대의 최고신이다. 그러나 경전에 나오는 범천은 붓다에게 법을 설해 줄 것을 청하고 공손히 예배까지 하는 터이니까 어느 의미에서 메난드로스 왕에게는 이해가 안 갔는지도 모른다. 이에 대해 나가세나는 직답을 피하고, 코끼리의 울음 소리를 끌어다가 정반대의 결론을 내렸다. 그것도 같은 논법으로 붓다의 Buddha와 지혜를 의미하는 buddhi를 대비시켜서 범천이 지혜를 가지고 있다면, 그 점에서는 붓다가 훨씬 높다고 한 것이다. 즉 질적으로 위라면, 연대의 신고(新古) 같은 것은 문제가 되지 않는다고, 일종의 가치 전환을 한 것이 되리라. 그렇다면 대단한

답변이라 할 수 있다. 그러나 얼른 보기에 궤변처럼도 생각된다. 그런 점을 위해서도 종교 자체가 갖는 가치 전환에 대해 생각해 둘 필요가 있을 것 같다.

『요한 복음서』 제8장 58절에 예수가 '아브라함이 태어나기 이전부터 나는 있었다.'고 한 말이 기록되어 있다. 『마태복음』을 빌릴 것도 없이, '아브라함의 아들인 다비데의 아들 예수그리스도'가 그 아브라함보다도 이전에 있었다고 단언한 것이다. 성서 자체의 해석은 별도로 하고라도, 이 글에는 깊은 인간 관찰이 깃들어 있는 듯이 보인다. 붓다 이전의 범천이 붓다의 제자라고 단언하는 나가세나와 공통되는 경지라고나 할까?

> 중국의 유명한 선사에 백장(百丈)[5]이라는 분이 있다. 그는 백장산에 있었기 때문에 그런 이름이 붙은 것이었다. 어느 날 한 중이 백장에게 물었다.
> "이 세상에서 가장 기적적인 일은 무엇이겠습니까?"
> 백장이 대답했다.
> "내가 여기에 홀로 앉아 있다는 것이지."
> 중은 그 소리를 듣자 절을 했다. 그랬더니 백장은 지팡이를 들어 중을 때렸다.
> 〈碧巖錄 26〉

이것은 '독좌대웅봉(獨坐大雄峰)'의 화두(話頭)[6]라 하여 너무

---

5) 법명은 회해(懷海). 당나라 때의 선사(720~814). 처음으로 '백장 청규'를 제정하여, 선문의 규율을 정했다.

나 유명하다. 이 문답에는 우리로 하여금 생각게 하는 많은 것이 있다. 그러나 여기서는 앉아 있다는 사실이 왜 기적인가 하는 문제를 두고 생각해 보겠다.

가령 여기에 1에서 50까지의 카드가 있다 하자. 그 카드의 순서를 뒤섞어서 공중에서 뿌린다면 어떤 상태로 떨어질까? 아마도 뒤죽박죽이 될 것임에 틀림없다. 그러나 몇 천 번, 몇 만 번이고 이런 일을 반복하다 보면, 이 카드는 하나에서 쉰까지 순서대로 떨어지는 일도 있을지 모른다. 그것도 몇 십만 번, 혹은 몇 억 번쯤 했을 때 비로소 그렇게 될지 알 수 없다. 그러나 언젠가는 그렇게 되는 수가 있기는 할 것이다. 이것과 똑같은 상태라고 해도 좋은 것이, 다름 아닌 이 나라고 하는 존재가 아니겠는가. 우리는 그야말로 천재 일우의 기회를 타고 이 세상에 태어난 것임에 틀림없다.

> 사람 되기 어렵거니
> 비록 죽을 것이라 해도
> 이리 목숨 있음은 고마워라. (相應部經 1, 1)

이 세상에는 무수한 벌레와 짐승들이 있다. 그들은 그런 것이 되고자 원해서 그런 것으로 태어난 것은 아니다. 우리 인간도 마찬가지다. 우리가 선택한 것이 아니고 어쩌다가 그렇게 된 것이

---

6) 선종에서 정신 통일에 사용하는 문구. 대개 옛 선사들의 문답 내용을 쓴다. 예컨대 정전 백수자(庭前柏樹子) 따위.

다. 우연인지 업(業) 때문인지는 몰라도, 인간으로 태어난 것에 대해 감사하다는 생각을 가져도 좋을 것이다. 그리고 이것을 기적이라 하지 않고 무엇을 기적이라 하랴.

붓다가 탄생했을 때, '천상 천하 유아 독존'이라고 말씀했다고 전한다. 물론 붓다의 전기 속에 후세 사람에 의해 추가된 전설이기는 하지만, 그 뜻하는 것은 인간 존재의 불가사의한 경지를 말한 것이라고도 보이고, 어떤 의미에서는 하나의 인간 선언이라고도 해석될 가능성이 있다. 마찬가지로 아브라함의 앞에 예수가 있고, 범천 이전에 붓다가 계신 것도, 초시간적인 입장에서 파악되어야 할 문제다. 붓다의 경지나 예수의 경지나, 단순한 존재의 모습으로서 포착될 세계가 결코 아니다. 그들의 탄생을 계기로 이제까지의 역사가 질적으로 일대 전환을 겪었음이 사실이다. 그렇게 되면 그 이전의 시간 같은 것은 문제가 되지 않을 것이다. 나가세나의 말이 갖는 함축은 이런 의미에서 대단한 것이라 하겠다.

엄숙한 자기 추구

메난드로스 왕은 붓다의 내면성을 대강 추구한 뒤에, 이번에는 외면성에 대해 질문했다.

"존사 나가세나여, 계(戒)란 아리따운 것일까요?"
"대왕이시여, 말씀대로 계(戒)란 아리따운 것입니다."

"존사여, 붓다는 계를 받으신 적이 있었습니까, 아니면 없었습니까?"

"대왕이시여, 붓다께서는 보리수 밑에서 일체를 아시는 지혜를 얻으시는 순간, 저절로 계도 갖추시게 되었던 것입니다. 그러나 붓다께서 수행자를 위해 일생 범해서는 안 될 사항들을 제정하신 것처럼, 다른 사람에 의해 붓다에게 계가 주어진 것은 아닙니다." (1, 6, 5)

계율이라고 일반적으로 말하지만, 그때에는 도덕적인 덕목이나 수행상의 규범을 가리키는 것이었다. 그러나 엄밀하게 말하자면 계와 율은 내용이 다르다. 계는 규율을 지키고자 하는 자발적인 마음의 작용이요, 율이란 타율적인 규범이다. 불교 교단이 만들어졌을 때, 수많은 수행자들이 함부로 행동하게 되어서는 교단의 통일이 유지되지 않으므로, 필요한 규범이 제정되기에 이르렀다. 그것도 처음부터 전체 항목이 수립된 것이 아니라 어느 한 사람이 교단의 질서를 어지럽히는 행동을 했을 때마다 한 조항씩 추가되어 갔다. 이것을 수범수제(隨犯隨制)라고 한다. 이렇게 해서 만들어진 규율이나 법칙을 율이라 하고, 이를 자발적으로 지키고자 하는 것이 계의 정신이다.

그러기에 새로 교단에 들어오고자 하는 사람이 있을 때, 규율의 준수가 요구될 것은 당연한 일이다. 이때 받는 계를 구족계(具足戒)라 하고, 그것을 받는다는 것은 불교 교단에 입단함을 뜻하게 되었다. 불교의 역사를 살피면, 붓다가 돌아가신 후 교단이 분열하여 많은 부파로 갈라지게 되었거니와, 그 원인의 태반이 사실은 이 계율 해석의 차이에 있었던 것이었다. 붓다는 그렇게 말씀하지 않았다든지, 나는 붓다로부터 이렇게 들었다든지 하여, 의견이 대립한 것이 교단의 분열을 가져온 것이었다. 이렇게 초기 불교도들은 출가의 정신과 계율의 준수를 긴밀히 연결시켜 이해하고 있었다. 이것은 확실히 뜻있는 일이라 하겠으나, 시대의 흐름에 따라 형식주의에 떨어질 결함도 내포하고 있었다고 보아야 하겠다.

메난드로스 왕은, 계가 아리따운 행위라면, 붓다도 누구로부터인가 이것을 받았다고 해도 이상할 것은 없다고 생각한 것인지도 모른다. 그러나 진실한 계란, 외면적인 규제보다는 내면에서 우러나오는 자율적이요 적극적인 행위의 청정함을 말한다. 일체를 깨달으신 붓다에게는 스스로 계가 구비되어 있었던 것이라 보아야겠다. 번뇌가 끊어지는 곳에는 청정한 행위가 스스로 나타날 것이기 때문이다.

> "지혜는 계에 의해 정화되고, 거꾸로 계도 지혜에 의해 정화된다. 계와 지혜는 동시에 갖추어진다. 계가 있는 이에게는 지혜가 갖추어지고, 지혜 있는 이에게는 계가 갖추어진다."
>
> 〈長部經典 4. 長阿含經 15, 22〉

종교적 예지가 구비된 사람에게는, 당연히 계도 갖추어진다는 경전의 입장을 나가세나는 설명해 갔다.

만일 지자(智者)가 나날이 살펴보고
이 사람은 행위에 결점이 없고
총명하며 지혜와 덕행을 갖추고 있다고 칭찬한다면,
잠부나다[7]의 금화와 같이
신들조차도 그를 칭찬하고
범천마저도 칭찬하게 된다. (法句經 229, 230)

계는 결국 마음의 문제로 귀결된다. 마음이 청정하다면 행위도 스스로 청정할 것이기 때문이다. 그러므로 예지를 구비한 붓다에게는, 자연히 계가 구족되어 있다고 보아야 옳겠다. '저절로 계를 갖추시게 되었다.'는 나가세나의 대답도 매우 당연한 말이었음이 이해된다.

그 붓다의 말씀에,

"계를 지키면 다섯 가지 이득이 있다. 게으름이 없어져 먹을 것이 풍족하고, 좋은 명성이 퍼질 것이다. 어떤 사람들의 집회에서라도, 마음이 편안하여 미혹함이 없으리라. 죽음에 임해서도 마음이 어지러워짐이 없고, 죽고 나서는 좋은 곳에 태어나게 되리라. 이것이 계를 닦은 자가 받을 다섯 가지 이익이니라." (長部經典 16, 2)

---

[7] jambunada. 염부단금(閻浮檀金). 염부는 나무 이름. 단은 강이나 바다. 염부나무 밑으로 흐르는 강에서 나는 사금.

하신 것이 있다. 이것도 관념적으로 하신 말씀이 아니라, 체험에서 우러나온 교훈이었을 것이다.

신증(身證)

목격한 붓다

붓다는 영원의 진리를 깨달음으로써, 인간이 도달할 수 있는 최고 경지에 이르렀다. 그리하여 그 인격은 많은 사람의 흠모를 받았다. 그러므로 돌아가신 다음에도 제자들은 붓다에 대한 동경과 숭배를 그치지 않았었고, 신자들은 신자들대로 탑을 세워 공양함을 잊지 않았던 것이다. 이런 숭배열은 날이 갈수록 더해 가서, 드디어 붓다는 인도 최대의 신들과 동일시되는 데까지 이르고, 마침내는 그 신들까지도 그 앞에 무릎을 꿇게 되고 말았다. 이것은 인간이 신격화됨으로써 신과 동등한 권위 밑에 숭배의 대상이 되었음을 보이는 예다.

이런 사고 방식이 그리스라고 전혀 없었던 것은 아니었지만,

일반적으로는 기이하게 느껴졌을 터이다. 클레멘스의 서간에는,

"인도인 사이에는 붓다의 가르침을 신봉하는 사상가들이 있다. 그들은 붓다의 특별한 신성 때문에, 신처럼 붓다를 존경하고 있다."

라고 나타나 있다. 물론 붓다께서는, 내가 죽고 나거든 법에 의지하고 사람에 의지하지 말라고 가르치셨으나 너무나 위대한 붓다가 없는 교단이란 처음부터 생각할 수 없었던 것이 사실이었을 것이다. 그리하여 붓다는 더욱 신격화되어 오늘에 이르고 있는 실정이다.

그런데 인간이 신처럼 절대자의 위치에 놓인다는 사실을 그리스인의 사고로는 쉽게 이해할 수 없었을 것이다.

"존사 나가세나여, 당신은 붓다를 실제로 보신 적이 있습니까?"

"대왕이시여, 뵌 적이 없습니다."

"그러면 당신의 스승은 붓다를 뵌 적이 있습니까?"

"대왕이시여, 그도 뵌 적이 없었습니다."

"존사 나가세나여, 그렇다면 붓다는 실재하지 않는 것이 됩니다." (1, 5, 1)

이 말을 들은 나가세나는 다음과 같이 반문했다.

"대왕이시여, 폐하께서는 히말라야 산으로부터 나오는 우하 강을 실제로 보신 일이 있으십니까?"

"존사여, 보지 못했습니다."

"그러면, 폐하의 부왕께서는 우하 강을 보신 적이 있었습니까?"

"존사여, 그런 적이 없었습니다."

"대왕이시여, 그러면 우하 강이란 실재하지 않는 것이 되지 않겠습니까?"

왕은 당황하며 손을 휘저었다.

"존사여, 그러나 실재합니다. 나는 우하 강을 실제로 본 적이 없었고, 우리 아버지도 실제로 보지는 못했지만, 그러나 우하 강은 실재합니다. 이것은 사실입니다."

나가세나는 왕의 논법을 그대로 역용했다.

"대왕이시여, 바로 그것과 마찬가지입니다. 나는 붓다를 이 눈으로 뵈온 적이 없었고, 내 스승도 또한 붓다를 뵈옵지 못했습니다만, 그래도 붓다는 실재하셨습니다. 이것은 사실입니다."

이런 대화는 유치하게 느껴질지도 모른다. 그러나 당연한 사실도, 그것이 오해를 받는 일이 얼마나 많은가? 민족이 다르고 전통이 다를 경우 이런 경향은 더욱 심하리라. 붓다의 위대성이 다른 문화 속에서 자라난 메난드로스 왕에게는 좀처럼 솔직히 받아들여지지 않았던 것이겠다.

붓다를 아는 길

메난드로스 왕은 일단 굴복할 수밖에 없었으나, 다시 문제를 제시했다.

"존사 나가세나여, 붓다는 가장 위대하신 분입니까?"

"그렇습니다, 대왕이시여. 붓다는 가장 위대하신 분입니다."

"존사 나가세나여, 당신은 실제로 뵈온 적이 없음에도 불구하고, 붓다가 가장 위대한 분이라는 것을 어떻게 알 수 있었단 말입니까?"

"대왕이시여, 이 일에 대해 폐하께서는 어떻게 생각하십니까? 바다를 한 번도 본 적이 없는 사람이 '이 갠지스 강·얌나 강·아치라바티 강·사라부 강·마히 강이 모두 들어가는데도 조금도 늘지도 줄지도 않다니, 바다란 얼마나 크고 넓고 깊은 것이랴.' 하고 감탄한다면, 이 사람은 바다에 대해 알고 있는 것이 되지 않겠습니까?"

"그렇습니다, 존사여. 그 사람도 알고 있는 것이 될 것입니다."

"대왕이시여, 그것과 같습니다. 나도 위대한 불제자들이 완전한 편안(열반)에 이른 모습을 보았습니다. 그러므로 붓다야말로 가장 위대한 분임을 알게 된 것입니다." (1, 5, 2)

불교에서는 그 언행보다도 심경을 중시한다. 그럴 듯하게 말하는 것쯤은 누구라도 할 수 있다. 그 말이 어떤 심경을 반영하고 있느냐가 문제인 것이다. 어느 선사에게 한 중이 물었다.

"조사는 왜 인도로부터 찾아온 것일까요?"

조사란 달마를 가리킨다. 그는 선종을 전하기 위해 중국까지 찾아왔던 바, 그 이유가 무엇이냐고 한 것이다.

"정전백수자(庭前柏樹子)."

이것이 그에 대한 대답이었다. '뜰에 있는 잣나무' 라니! 이것이 무엇일까?

선에서는 논리를 초월하여 진실 자체를 파악하려 든다. 그러므로 무엇이라 대답하든 그 말에 얽매여 이러니 저러니 해석을 붙이려 든다면, 그것은 말뜻을 놓친 것이 되고 만다. 우연히 잣나무가 눈에 띄었으므로 그렇게 대답한 것뿐이요, 잣나무 자체에 무슨 뜻이 있는 것은 아니다. 밤나무라 하건, 구름이나 바위라 대답했건 결과는 마찬가지다. 아무 것에도 얽매임이 없는 심경이 '잣나무'라는 말을 통해 나타난 것임을 알아야 되는 것이다.

그런데 그러한 심경에 도달하지도 못한 사람이 같은 대답을 했다고 하면 어떻게 되겠는가? 물론 그런 말은 누구나 할 수 있다. 그러나 앞의 대답과는 엄청난 차이가 있는 것이다. 전자가 무애한 경지의 표현인 데 대해, 후자는 자기를 기만하고 있는 것이다. 그러기에 불교에서는 신증(身證)이라는 것을 중요시한다. 체험으로 진리가 증명되고 있어야 하는 것이다.

붓다가 위대한 분이었다는 증거는 무엇인가? 그것은 그 분의 언동에서도 찾을 수는 있을 것이다. 그러나 무엇보다도 확실한 것은 그 분의 가르침에 의해 도달된 제자들의 체험, 제자들의 신증일 것임에 틀림없다. 여기에 열반의 경지를 체험한 사람이 있다. 이 사람을 보라! 그것이 붓다의 위대함을 웅변으로 말해 주고 있지 않은가. 나가세나의 대답은 매우 불교적인 것이라 할 수 있다.

메난드로스 왕은 다시 질문했다.

"존사 나가세나여, 붓다가 가장 위대한 분이라는 것을 사람들이 이해할 수 있겠습니까?"

나가세나는 다시 비유를 들었다.

"대왕이시여, 일찍이 팃사라는 장로가 서사사(書寫師)로 활약하고 있었습니다. 그가 죽은 지 오래 되었습니다만, 그가 일찍이 생존하고 있었다는 사실을 어떻게 하면 알 수 있겠습니까?"

"존사여, 일찍이 그가 써 놓은 글을 보면 알 수 있습니다."

"대왕이시여, 그것과 마찬가지로, 법(진리)을 보는 이는 붓다를 뵈옵게 됩니다. 왜냐하면 대왕이시여, 법은 붓다가 설하신 것이기 때문입니다." (1, 5, 3)

나가세나의 대답은 빈틈이 없다. 경전에도

"나를 보는 사람은 법을 본다. 법을 보는 사람은 나를 본다."

라고 붓다의 말씀이 기록되어 있다. 붓다가 비로소 진리를 밝혔다. 그렇다면 이 진리 외에 붓다의 증명이 어디에 또 있겠는가. 메난드로스 왕도 여기에는 군말을 못했다. 그러나 법이라는 것을 어떻게 증명하느냐 하는 문제가 남는다.

"존사 나가세나여, 당신은 법을 본 적이 있습니까?"

"대왕이시여, 도를 구하여 수행하는 자는, 살아 있는 한 붓다의 가르침을 따라 법을 위해 살아야 합니다." (1, 5, 4)

메난드로스 왕도 이 이상의 질문은 무의미하다고 느꼈든지 고개를 끄덕였다.

"과연 그렇겠습니다. 존사 나가세나여."

진리로서의 붓다

메난드로스 왕은 다시 붓다의 실재 문제를 들고 나왔다.

"존사 나가세나여, 붓다는 실재합니까?"
"그렇습니다. 대왕이시여, 붓다는 실재합니다."
"존사 나가세나여, 그러면 붓다가 여기에 있다든지 저기에 있다든지 하는 식으로 붓다를 보여 줄 수 있습니까?"
"대왕이시여, 붓다는 일체의 고뇌를 끊으시고, 육신을 떠나 완전한 편안의 상태에 드셨습니다. 그러므로 붓다가 '여기에 계시다.'든지 '거기에 계시다.'든지 하면서 보여 드릴 수는 없습니다." (1, 5, 10)

이것만으로는 부족하다고 느꼈음인지, 나가세나는 비유로 설명했다.

"대왕이시여, 폐하께서는 이 일을 어찌 생각하십니까? 활활 타오르던 불이 꺼졌을 때, 그 불꽃이 '여기에 있다.'든지 '거기에 있다.'든지 하고 보여 줄 수 있겠습니까?"
"존사여, 보여 줄 수는 없습니다. 그 불꽃은 이미 없어지고, 소멸했기 때문입니다."

"대왕이시여, 그것과 마찬가지입니다. 붓다는 이미 고뇌를 끊으시고 육신을 떠나 완전한 편안의 상태에 드셨습니다. 그러므로 돌아가신 붓다를 '여기에 있다.'든지 '거기에 있다.'든지 하면서 보여 드릴 수는 없습니다. 그러나 붓다를 '법을 몸으로 삼고 있는 분'으로서 보여 드릴 수는 있습니다. 왜냐하면 대왕이시여, 법은 붓다에 의해 설해진 까닭입니다."

사람은 태어난 이상 죽을 것이 약속되어 있다. 그러나 대자연은 이런 인간의 죽음과는 관계없이 영속한다. 그러므로 사람이 영생할 수는 없는 것이지만, 그런 중에서도 이런 욕구를 못 버리는 것이 인간이다. 그러나 진실로 영생이 있다면, 그것은 영원의 진리를 체득하여 그것과 일체가 되는 것으로써만 가능하다. 이 육체가 영생하는 것이 아니라, 영원한 진리와 하나가 됨으로써 그 안에 싸이는 것이다.

붓다는 '나는 영원의 진리를 발견한 것에 지나지 않는다.' 그러기에 '사람에 의지하지 말고, 법에 의지하라.'고 가르치셨다. 그러나 후세 불교도들은 붓다의 존재를 통해 불교를 믿어 갔다. 붓다가 살아 계셨을 때에도 그 분을 신격화하는 생각이 있었던 터라, 돌아가시자 법과 붓다를 하나로 보는 경향이 생겼던 것이었다. 나가세나가 말한 '법을 몸으로 삼고 있는 분'이란 생각은, 대승 불교의 법신(法身) 사상의 선구로서 충분히 역사적 가치가 있는 것이라 할 것이다. 그런 의미에서도 이 경은 전통적인 상좌부(上座部)에서는 확실히 특수한 위치에 서는 것이라 보아야 하겠다.

4. 가르침의 맛

진실한 서원

몸을 내던진 시비왕

 진리를 구하기 위하여는 자기 것을 희생해야 한다. 이것을 보시(布施)라 한다. 이런 보시를 철저히 하다 보면 남을 위해 자기 목숨마저 내던지는 행위로까지 발전하게 된다. 이런 이야기에는 좀 극단적인 느낌을 주는 면도 있는 것이 사실이지만, 그것을 모두 황당무계하다고 비웃을 수는 없는 노릇이다. 보통 어린 소년도 자기 아우를 구하기 위해 달려오는 기차 앞에 몸을 내던지는 수가 있어서 신문에 나곤 한다. 각박한 우리의 현실 속에서도 많은 사람이 이런 거룩한 희생을 실천하고 있는 것이다. 우리가 이만큼 문명을 구가하고 살아갈 수 있는 이면에는 이런 희생이 무수히 밑받침되어 있음을 알 필요가 있다.

『자타카』라는 책에 시비왕 이야기가 나온다. 시비왕은 인정이 깊은 것으로 소문이 자자했으므로, 제석천이 매로 몸을 바꾸어서 이를 시험하려 했다. 어느 날 비둘기가 매에 쫓겨온 것을 본 시비왕은 비둘기를 숨겨 주었다. 매는 노하여 비둘기를 안 내어놓으려면 네 살이라도 내라고 대들었다. 자기는 배가 고파서 죽을 지경이라는 것이었다. 시비왕은 매에게 살을 베어 주었다. 그러나 비둘기의 살과 같은 중량이 되어야만 한다고 매가 우기므로, 온몸의 여기저기를 베어 냈다. 그래도 그 무게에 달하지 못했다. 마침내 왕은 자기 몸을 내던졌다. 그때 매는 제석천의 모습이 되어 왕을 찬양했다. 물론 온몸의 상처는 순식간에 원상대로 회복됐다.

이 이야기는 꽤 알려졌던 모양이어서 메난드로스 왕과의 대화에까지 나온다. 다만 여기서는 두 눈을 빼어 준 것으로 되어 있다.

"존사 나가세나여, 당신은 이렇게 말씀하셨습니다. 시비왕은 매에게 두 눈을 빼어 줌으로써 소경이 되었으나, 다시 그에게 천안(天眼)[1]이 생겼다고. 이 말에는 결함이 있고, 논란할 점이 있고, 과오가 있습니다. 왜냐하면 '원인이 배제되고 원인이 없고 근거가 없을 때는 천안이 생기지 않는다.'고 경전에 적혀 있기 때문입니다. 존사 나가세나여, 만약에 시비왕이 매에게 제

---

[1] 아주 작은 사물도 멀리 또는 넓게 볼 수 있으며, 중생이 미래에 나고 죽는 모양까지도 볼 수 있는 눈.

눈을 빼어 주었다면 그에게 다시 천안이 생겼다는 것은 거짓말입니다."

"대왕이시여, 시비왕은 매에게 자기 두 눈을 빼어 주었습니다. 이것에 대해 의심하여서는 안 됩니다. 그리고 다시 천안이 생겼다는 것도 사실입니다. 이것에 대하여도 의심해서는 안 됩니다."

"그렇다면, 존사 나가세나여, 원인이 배제되고 원인이 없고 근거가 없을 때, 천안이 생길 수 있겠습니까?"

"대왕이시여, 결코 그런 일은 없습니다."

"존사여, 이 경우 원인이 배제되고 원인이 없고 근거가 없는데도 불구하고, 천안이 생겼다면 어째서입니까? 될 수 있다면 그 이유를 나에게 가르쳐 주십시오."

"대왕이시여, 진실을 말하는 사람들이 진실한 서원을 세우는 그런 진실이 이 세상에 존재합니까?"

"존사여, 존재합니다. 이 세상에 진실은 존재합니다. 진실에 의해 진실한 사람들이 진실한 서원을 세움으로써 하늘에서 비가 내리게 하고, 불을 꺼지게 하고, 독을 제거하고, 기타 여러 가지 해야 될 일을 하는 것입니다."

"대왕이시여, 그렇다면 시비왕의 진실에 의해 천안은 생길 수 있습니다. 대왕이시여, 진실의 힘에 의해 근거는 없어도 천안은 생기는 것입니다. 진실이야말로 천안이 생겨나는 근거가 되는 까닭입니다." (2, 1, 5)

시비왕에게 천안이 생겼다는 사실과, 원인이나 근거가 없을 때는 천안이 안 생긴다는 경문과는 서로 모순된다. 이 모순을 어떻게 이해해야 되겠느냐 하는 질문이다. 붓다는 사람에 따라 설법을 달리하셨다. 그러므로 말씀의 외면적인 것에만 얽매일 것이 아니라, 왜 그런 말씀을 하셨는지 그 근본 정신을 이해하여야 한다. 이렇게 일단 이 질문을 처치해 버릴 수도 있겠다. 그러나 이런 이론이 사실이라 해도, 거기에는 사태를 호도하려는 태도가 깃들어 있다고 해서는 안 될까? 나가세나는 그런 식으로 회피하지 않고, 어디까지나 정면에서 대결해 나갔다. 그리하여 원인보다도 진실을 우위에 놓음으로써 훌륭히 대답할 수 있었다. 그 용기와 노력에는 새삼 머리가 수그러진다.

창녀의 서원

그런데 여기에 흥미 있는 일화가 인용된다.

어느 날 갠지스 강을 바라보고 섰던 아소카 왕[2])이 신하들을 둘러보았다.

"이 갠지스 강의 흐름을 거꾸로 흐르게 할 사람은 없겠는가?"

---

2) Aśoka. 기원전 2세기경 인도를 통치하여 불교를 보호한 왕.

신하들은 모두 불가능하다고 대답했다. 이때 강가에 사는 창녀가 나섰다.

"저는 파타리프트라에 사는 창녀입니다. 얼굴을 팔아 생활해 가는 가장 천한 계집입니다. 그러나 저의 진실한 서원을 보아 주시기 바랍니다."

그렇게 그 여자가 말한 순간 갑자기 갠지스 강이 거꾸로 흐르기 시작했다. 이것을 본 왕이 미심쩍어 물었다.

"너는 분방한 생활을 하여 성신을 외면했고, 남을 속이고 법을 어김으로써 어리석은 무리로부터 재물을 약탈하였다. 그런 너에게 이런 능력이 있다는 것은 어쩐 까닭이냐?"

"물론 저는 그런 사람입니다. 그러나 저 같은 사람도 진실한 서원을 세우는 경우, 이 세상을 뒤집어 놓을 힘까지도 갖게 됩니다."

"그렇다면 너의 서원이란 무엇이냐?"

"대왕이시여, 저는 재물을 저에게 주는 사람이라면, 귀족이든, 바라문이든, 상인이든, 노예이든 구별하지 않고 누구에게나 같은 태도로 대합니다. 상대가 귀족이라 해서 특별히 봉사하고, 천민이라 하여 얕보는 일이 없습니다. 좋다는 감정이나 싫다는 생각을 떠나서 돈 주는 사람을 섬깁니다. 대왕이시여, 이것이 제 서원이온 바 그 힘으로 이 거대한 갠지스 강조차도 거꾸로 흐르게 한 것입니다."

이 이야기는 확실히 누군가의 창작이다. 그러나 그것이 꾸며낸 이야기라고 해서 그 속에 깃든 진실까지도 부정할 수는 없는 노릇이다. 창녀를 내세운 점도 재미있거니와, 아무리 비천한 사람이라도 그가 진실한 서원을 세울 때, 위대한 힘을 발휘할 수 있다는 교훈이 암시되어 있다. 그뿐이 아니다. 이 창녀의 서원에는 계급 제도에 대한 저항 의식까지도 나타나 있는 듯하다. 고대 사회는 어디나 그랬는지는 몰라도, 당시의 인도는 계급 차별이 매우 심했다. 천민으로 태어난 사람은 일생을 굴욕 속에서 보내야 했으며, 일반 사람들은 그들을 보는 것마저도 싫어하여 침을 뱉고는 하였다. 창녀 자신도 아마 이런 계급에 속해 있었을 것이다. 이런 계급 제도에 대해 반기를 든 것은 붓다 그 분이었다. 붓다는 인간이 평등하다는 주장 밑에 교단 안에서는 일체의 계급을 철폐하셨다. 그리고 출가한 순서에 따라 서열을 정하셨다. 이 창녀는 이러한 불교 사상을 대변하고 있는 것으로 보인다.

불교는 모든 사람이 붓다가 될 가능성이 있다고 보아 평등하게 다룬다. 그러기에 가장 천한 자의 예로 창녀를 등장시키는 수가 많다. 대표적인 것은 물론 『화엄경』에 나오는 창녀다. 그는 법을 구하러 온 선재 동자에게 붓다의 가르침을 설하기까지 하는 것이다. 창녀이면서도 그대로 보살의 모습으로 나타나 있는 예가 되겠다.

"대왕이시여, 이렇게 진실에 입각하고 있는 사람은 어떤 일이라도 할 수 있는 것입니다. 시비왕은 남을 위해 두 눈을 빼어 주고 다시 천안을 얻을 수 있었습니다. 그것도 진실한 서원의 힘입니다. '눈을 잃었을 때, 원인이 없고 근거가 없으므로 천안이 안 생긴다.' 하는 경전의 말씀은 지혜의 수련에 의해 생겨난 눈에 대해서 하신 말씀입니다. 대왕이시여, 이렇게 이해해야 될 것입니다."

시비왕에게 천안이 생긴 것은 자비의 실천과 진실한 서원 때문이라고 단정한 것이다. 이것은 원인이나 동기가 명확히 설명되었다고 보아야 하겠다. 경전의 일부분만을 뽑아 내어 이해하려 들다가는 너무 엉뚱한 결론을 내리기 쉽다. 또 처음부터 짤막한 글이어서 여러 가지로 해석될 수 있는 경우에는, 신중히 생각하지 않는다면 얼토당토 않은 오해를 하고 말 것이다. 그런 만큼 이 두 대화가 결코 모순되지 않는다는 점을 명백히 한 나가세나의 지성은 대단한 것이라 하여야 되겠다.

물론 현재로서는 받아들이기 어려운 점도 있다. 주술사가 주문을 외자마자 큰 비가 내린 것은 비가 내릴 원인이 마련되어 있던 순간과 우연히 합치한 것이 아니냐 하는 메난드로스 왕의 질문에 대해, 나가세나는 주문 자체가 비를 오게 한 것이라고 대답한 따위이다. 이것은 고대에 공통하는 미신이므로 우리가 왈가왈부할 성질의 것이 아니겠다. 먼 후세에 가면 우리도 그런 대접을 받아야 할 것은 명확한 일이기 때문이다.

위기 의식

법의 종말

붓다의 가르침이 언제까지 유지될 수 있을까? 붓다가 돌아가심으로써 큰 기둥을 잃은 제자들은 이런 점을 진지하게 생각했을 것으로 상상이 된다. 붓다는 '법을 의지하고 게으름 없이 힘쓰라.'는 유언을 남기셨거니와, 그 법 자체의 해석에 의견이 백출하는 이상 교단의 장래가 우려되었을 것은 쉽게 짐작이 간다.

붓다가 돌아가셔서 많은 제자들이 슬픔에 잠겨 있을 때였다. 그때 늙어서 출가한 스파다(뒤의 대화에 나오는 스파다와는 다른 인물)가 불쑥 이런 말을 했다.

"벗들아, 슬퍼할 것은 없다. 우리는 이제야말로 저 붓다의 구속으로부터 자유로운 몸이 된 것이다. 붓다는 '이것은 허락한다. 이것은 안 된다.' 하여 우리를 괴롭혀 왔지만, 이제는 무엇이나 생각난 대로 할 수가 있고, 하고 싶지 않은 일을 강요받지 않아도 좋게 되지 않았는가?" (마하 파리닙바나경, 장부경전 16, 6)

이런 배반자가 나타났다는 것은 확실히 불명예스러운 일이거니와, 경전은 담담한 필치로 숨김 없이 기록하고 있다. 오히려 그런 점에서 경전에 대한 신빙성은 한층 높아지기도 한다. 어쨌든 이 사건은 많은 제자들에게 큰 충격을 주었다. 이대로 내버려 둔다면 어떤 일이 발생할지 모르는 일이었다. 예전 같으면 붓다가 계셨다. 그리하여 무슨 문제에나 그 분의 말씀을 따르면 되었다. 그러나 이제부터는 무엇을 지주로 하여야 되는 것인가? 여기서 법과 율의 결집(結集)[3]이 이루어져 경전이 성립해 가게 되었다.

그러나 말로는 법의 결집이라 하지만 그것도 쉬운 일이 아니었다. 붓다의 설법은 광범위한 것이었고, 사람에 따라 그것에 대한 해석에도 차이가 있었기 때문이다. 이리하여 교단은 법의 파악에서부터 분열을 면할 수 없는 숙명에 처해야 했다. 그 결과 스무 개의 부파로 갈라졌다고 역사는 전하고 있다. 이런 상황 속에서 뜻 있는 사람들의 가슴을 오고간 생각은 언제까지 붓다의 가르침이 유지될 수 있을까 하는 우려와 이래서는 안 되겠다는

---

[3] 붓다가 돌아가신 후, 그 가르침이 흩어지지 않게 하기 위해 제자들이 모여 경전을 편집한 일.

위기 의식이 아니었을까? 이 사실이 메난드로스 왕의 입에서도 나왔다.

"존사 나가세나여, 우리가 존경해 마지않는 붓다께서는, '아난다여, 바른 법은 오백 년 동안 존속하게 되리라.'고 말씀하셨습니다. 또 열반에 드시기 전, 출가한 수행자 스파다의 질문에 대해 붓다께서는 '스파다여, 이 수행자들이 바르게 수도해 간다면, 이 세상에 최고의 깨달음을 얻은 사람이 안 생길 리 없다.'고 말씀하셨습니다. 이것은 완전한 말씀이며, 여지를 남기지 않은 말씀이며, 불변의 말씀입니다.

존사 나가세나여, 만일 여래(붓다)가, '아난다여, 바른 법은 오백 년 동안 존속하게 되리라.' 하고 말씀하신 것이 사실이라면 '이 세상에 최고의 깨달음을 얻은 사람이 안 생길 리 없다.'는 말씀은 거짓이 됩니다. 또 여래께서 '이 세상에 최고의 깨달음을 얻은 사람이 안 생길 리 없다.'고 말씀하신 것이 사실이라면, '아난다여, 바른 법은 오백 년 동안 존속하리라.'고 하신 것은 거짓이 됩니다." (3, 1, 7)

이것은 또 말의 한 귀퉁이만을 잘라내어서 논하고 있는 감이 없지 않으나, 얼른 보기에 확실히 모순되는 일이기에, 여러 사람에 의해 꽤 문제가 되고 있었던 것 같다. 그러나 이렇게 거두 절미해 가지고는, 바른 법이 오백 년 동안밖에 존속하지 않는 원인이 무엇인지 이해할 길이 없다. 또 깨달음을 얻은 사람이 안 생길 리 없다는 말씀 앞에, '바르게 수도하면'이라는 조건이 전제가 되어 있음이 망각되고 있다. 바르게 수도하면 누구라도 최고의 깨달음에 이를 수 있다는 가능성을 밝히신 것이라고도 해석된다. 이 두 글의 차이를 나가세나는 지적했다.

"대왕이시여, 이 두 가지는 다 붓다께서 하신 말씀이긴 합니다만, 그러나 서로 의미나 함축이 다릅니다. 한쪽은 가르침이 존속하는 기간에 관한 것이며, 다른 쪽은 실천을 위한 예증을 드신 것이어서 두 가지는 서로 다릅니다."

이렇게 말한 나가세나는 다시 설명을 했다. 서로의 차이는 천상 세계와 지옥, 선과 악, 즐거움과 고통의 차이 같은 것이라, 근본적인 관계로부터 해명되어야 한다. '바른 법이 오백 년 동안 존속하리라.' 하신 것은 바른 법이 다할 때가 있을 것을 명시하면서 남은 기간을 한정하신 것이다. 붓다는 언젠가,

"아난다여, 만약 여자의 출가를 허락하지 않았더라면, 바른 가르침은 천 년 동안 존속하게 되겠지만, 이제는 이미 여자의 출가를 허락하고 말았으니까, 바른 가르침은 오백 년쯤 계속할 것이다."

라고 하신 적도 있다. 따라서 재산을 헤아려 본 사람이, '내 재물은 이만큼 남았다.'고 결산하는 것과 마찬가지여서, 가르침이 존

속될 기간을 말한 것에 불과한 것이다. 나가세나는 이렇게 설명해 갔다.

여성의 출가 문제는 당시의 인도로 볼 때 이만저만한 사건이 아니었다. 인도의 사회 정세도 그러했거니와, 교단 내부에 있어서의 문제가 더욱 곤란을 가중시켰던 것 같다. 아무리 붓다가 위대하다 해도 수도승 한 사람 한 사람에게까지 눈이 미칠 수는 없다. 하물며 붓다가 돌아가신 이후의 교단을 생각할 때, 그 유지는 매우 어려운 문제로 생각되었을 것은 상상이 가고도 남는다. 오백 년이라 하고 천 년이라 하는 것도, 그러기에 교단 유지의 문제를 진지하게 생각해야 한다는 점에 오히려 중점이 있었던 것이 아닌가 하는 생각이 든다.

메난드로스 왕이 실천의 예증과 존속 기간을 혼동하고 있는 것은 잘못이지만, 바란다면 두 가지를 같은 성질로 보아 설명해도 좋다고 나가세나는 나섰다. 여기에 큰 못이 있다 하자. 여기에 가끔 비가 온다면, 결코 못 물은 마르지 않을 것이다. 붓다의 가르침도 이런 못과 같다. 수행자들에 의해 뛰어난 행위·지계·덕행의 비가 계속 내린다면, 붓다의 가르침, 바른 법의 못 물은 영원히 지속될 것이며, 이 세상에 최고의 깨달음을 얻은 사람도 나타나게 될 것이다. 그러나 그런 비의 구실을 하는 수행자의 청정한 행위가 끊어진다면, 법의 못 물은 마를 수밖에 없지 않은가. 그러므로 문제는 교단과 수행자 자신에 있는 것이다. 오백 년이 아니라 만 년을 지속시킬 수도 있는 반면, 당장 지금이라도 존폐의 위기에 서게도 할 수 있다. 그러므로 존속 기간이

기정의 사실로 결정되어 있는 것이 아니라, 우리의 노력 여하에 따라 얼마든지 연장도 되고 단축도 될 수 있는 것이다. 나가세나의 설명은 확실히 문제의 핵심을 잡고 있는 듯이 느껴진다.

실천의 요청

수행자가 자기의 의무를 잊지 않고 진지하게 실천해 간다면, 모순으로 보이는 이 두 가지 말씀도 사실은 같은 것을 가리키는 것이 될 것이다. 결론으로 나가세나는,

> "대왕이시여, 붓다의 가르침은 실천을 근본으로 하고, 실천을 정수로 삼습니다. 실천이 없어지지 않는 한 붓다의 가르침은 흔들리지 않습니다."

라고 힘차게 단언했다. 매우 당연한 말이지만 우리에게는 꽤 아프게 들린다. 나가세나가 말한 실천의 소멸이란 무엇인가가 다음에 토의되고 있거니와, 이런 것들 모두가 현대의 우리에게 경종을 울리는 듯하다. 소멸에는 세 가지가 있어서, 현증(現證 : 체득)의 소멸 · 실천의 소멸 · 특징의 소멸이 그것이라고 나가세나는 설명한다.

> "대왕이시여, 바른 법의 현증이 소멸되면, 잘 실천하는 사람이라도 가르침 자체를 체득할 수가 없게 됩니다.

바른 법의 실천이 소멸되면, 교단에서 배워야 할 기준이 소멸하여 특징만이 남게 됩니다.

바른 법의 특징마저 소멸하면, 전통이 단절되고 맙니다. 대왕이시여, 이것이 세 가지 소멸입니다."

그 첫째 것은 아무리 수행해 보았자 깨달음의 경지를 체득할 수 없는 상태다. 그 둘째 것은 그 수행조차 제대로 실천되지 않아서 교단조차도 없어지고, 다만 바른 법이란 이런 특징이 있다는 그 성격만이 이해되는 상태다. 이리하여 마지막에 가서는 그 특징조차 소멸됨으로써 불교의 전통은 완전히 단절되기에 이른다는 것이다.

이 세 가지 형태를 관찰하면서 곧 머리에 떠오르는 것은, 붓다가 돌아가신 후에 시대가 흐름에 따라서 그 가르침이 점점 쇠미해 간다고 생각하는 말법(末法) 사상이다. 정법(正法)이라 하여 가르침과 실천·현증이 갖추어져 있는 시대와, 상법(像法)이라 하여 가르침과 실천만이 남는 시대와, 말법이라 하여 가르침만이 남는 시대로 나누어 보는 견해다. 이 사상은 여러 경전에 보이고 있으나, 그것이 강조된 것은 오히려 중국에서였고, 이것을 이어받은 일본의 불교도 이를 강조하였다. 그러므로 대부분의 고승들은 이런 말법 의식을 가지고 불법 유포에 나섰던 것이다.

이 말법 의식은 반드시 절망을 뜻하는 것은 아니다. 말법 시대에 살기에 더욱 붓다의 가르침이 소중한 것이며, 그것을 한 사람에게라도 더 많이 나누어 줄 필요가 있는 것이겠다. 이 위기 의식은 절망 대신 많은 고승들을 움직여서 법의 실천에 정진하게 했다고 보아야 한다. 말세인 만큼 바른 법은 실천되지 않을지도 모른다. 그러나 가르침만은 남아 있다. 이 가르침에 나의 온 몸을 맡겨 버리자. 이렇게 생각함으로써 도리어 깊은 종교적 체험을 할 수 있었던 것이었다. 그리고 이것이야말로 나가세나가 말한 실천임에 틀림없을 것이다.

이 대화는 특히 현대 불교에 있어서 하나의 큰 경종이 되는 것 같다. 그것이 현대에까지 이렇게 살아갈 수 있어야만 고전이 고전으로서 남는 면목도 있는 것이겠다.

생명의 접촉

명상의 특질

출가하신 붓다는 6년 동안 진리를 구하기 위해 갖은 수행을 다 하셨다. 그 당시 인도에서는 고행이 당연한 수행법처럼 받아들여지고 있었다. 그러기에 붓다께서도 고행이라는 고행은 안 해 보신 것이 없었다. 그러나 마음의 평화 대신 신심이 함께 쇠약해 갈 뿐이어서, 붓다는 마침내 고행이 무익함을 절실히 느끼시게 되었다. 이리하여 고행을 중지하신 붓다께서는 같이 수도하던 다섯 수행자와도 헤어져 네란자라 강에서 목욕을 하시고, 마을 처녀가 드리는 우유죽을 잡수시고 기력이 회복되어, 가야라는 마을의 핍파라나무 밑에서 고요히 명상하셔서 드디어 크게 깨달으셨던 것이었다. 핍파라나무가 보리수라고 불리게 된 것은 이런 인연에 말미암은 것이다.

 깨달음을 얻기까지 붓다가 겪으신 모든 과정이 경전에 자세하고 냉정하게 묘사되어 있다. 붓다의 심중에서 벌어졌던 모든 욕망과의 투쟁, 그리고 정신적인 갈등의 양상을 붓다 자신이 객관적으로 냉정하게 말씀하고 계신다. 그것은 마음과의 다툼이기에 상상을 넘는 처절한 싸움이었을 것이다. 어쨌든 그것을 초극함으로써 붓다는 다시 흔들림이 없는 최고의 안정과 최고의 지혜에 도달한 것이었다. 그러나 붓다는 곧 전도에 나서지는 않았다. 7일 만에 한 번씩 처소를 바꾸면서, 49일 동안 명상을 계속하셨다. 깨달음의 즐거움을 만끽하는 동시에, 그 내용을 정리하셨던 것도 사실이겠다. 또 이것을 다른 사람들에게 알려야 할 것인가, 알리면 이해될 수 있을까 하는 생각에 망설이신 것도 사실이겠다. 이 기간 동안의 일에 관해 메난드로스 왕은 질문했던 것이나, 49일이 어찌된 셈인지 석 달로 되어 있다.

 "존사 나가세나여, 당신들은 '붓다에 의해 이루어져야 할 모든 일이 보리수 밑에서 이미 완성되었다. 즉 붓다에 의해 이루어져야 할 일은 이미 없어졌고, 그것에 덧붙일 것은 아무것도 없다.'고 말씀합니다. 그러나 붓다는 깨달은 후에도 석 달 동안, 홀로 고요한 명상에 잠기셨던 것도 사실입니다. 존사 나가세나여, 만약 여래(붓다)에 의해 이루어져야 할 모든 일이 보리수 밑에서 완성되었다 하면, 즉 여래에 의해 그 이상 이루어져야 할 일이 아무 것도 없게 되고, 그것에 추가할 것도 아무 것도 없어졌다 하면, 석 달 동안 홀로 고요한 명상에 잠겼다는 것은 거짓말이 됩니다. 또 만약에 석 달 동안 명상하신 것이 사실이라면, 여래에 의해 이루어져야 할 모든 일이 보리수 밑에서 이미 완성됐다는 것은 거짓말입니다. 이루어져야 할 일이 이미 이루어졌을 때는 명상할 필요가 없으며, 이루어야 할 일이 있는 사람이야말로 명상할 필요가 있는 까닭입니다.

그것은 마치 병자에게는 약을 쓸 필요가 있거니와, 병 없는 사람에게는 약을 쓸 필요가 없는 것과 같습니다. 또 굶주린 사람에게는 음식이 필요하겠지만, 배부른 자에게 어째서 음식이 필요하겠습니까? 그것과 마찬가지로, 존사 나가세나여, 이루어져야 할 일을 모두 이룬 사람에게는 홀로 고요히 명상할 필요는 없는 것이며, 해야 할 일이 남은 자야말로 홀로 고요히 명상할 필요가 있는 것입니다." (2, 1, 9)

이렇게 메난드로스 왕은 날카롭게 추궁했다.

이 중에서 이루어야 할 일을 이미 이루었다는 말은 붓다의 말씀 중에 나온다.

"미혹이 이미 소멸하고 청정한 수행도 성취했다. 해야 할 일을 끝마쳤기에 다시 미혹의 세계에 들어가는 일이 없다."

이 말씀과 홀로 명상에 들어가셨던 사실을 대비시킨 질문이었던 것이다. 이 질문은 단순히 어떤 모순을 찌르고자 하는 논리적 요구에서 나왔다기보다는, 붓다의 깨달음의 경지를 나가세나가 정말로 파악하고 있는가 어떤가, 바꾸어 말하면 나가세나가 실제로 체득하고 있는지의 여부를 알고자 한 것이었을 것이다.

나가세나는 이렇게 대답했다.

붓다는 이루어야 할 모든 것을 보리수 밑에서 완성하셨고, 그 이상 해야 할 일도 없고 추가할 일도 없게 되셨다. 이것은 어디까지나 사실이다. 그러나 그에 이어서 석 달 동안 명상하셨다. 이것도 사실이다. 이것은 그 깨달음이 불충분했기 때문이 아니다. 자기가 해 온 착한 공덕을 회상하신 것이다. 비유해 말하자면 어느 사람이 왕 이상의 재산을 모아 놓자 자기가 해 온 일을 회상하면서 다시 왕을 섬기는 것과 같고, 또 중병이 든 사람이 약을 먹고 나은 후 그 효력을 대견히 여겨 다시 계속해 얼마 동안 그 약을 먹는 것과 비슷하다. 그리고 과거의 모든 여래도 그렇게 하셨던 것이다. 나가세나는 다시 명상하는 특질에 스물 여덟 가지가 있다는 것과 선정의 즐거움을 얻게 되는 네 종류의 이유에 대해서도 자세히 설명했다.

"대왕이시여, 여래들은 이렇게 고요한 명상에 드시기를 좋아하셨거니와 그것은 아직도 해야 할 일이 남은 때문은 아니었으며, 또 이미 이룬 경지에 대해 다시 추가해야 할 일이 있는 까닭도 아니었습니다. 다만 여래들께서는 스스로 명상을 즐기신 것뿐입니다."

한 번의 회심(廻心)

메난드로스 왕은 크게 깨달음을 얻어 성불한 붓다가, 왜 다시 명상할 필요가 있었느냐고 의심하였던 것이지만 붓다가 명상에 드신 것은 이때만이 아니었다. 붓다는 그 후에도 자주 명상에 드시곤 했다. 설법을 하시기 전에, 또는 끝나고 난 다음에 깊은 명상에 드셨던 일이 어느 경에나 나타나 있다. 또 제자들 간의 분쟁을 가려 주신 다음이나 또는 중생을 교화하시는 중에서나 무슨 일이 있을 때마다 명상에 드셨다. 붓다와 명상과는 거의 뗄래야 뗄 수 없는 관계에 있었던 듯하다. 또 명상을 끝내시고 나서 무의식중에 어떤 감상을 토로하신 일도 있으셨다. 신란(親鸞)은 『탄이초』 중에서

"마음을 오로지하여 수도하는 사람에 있어서는 회심[4]이라는 것이 오직 한 번 있게 되리라."

라고 말했다. 신란의 경우는 '아미타불의 본원(本願)에 의지하고자' 했던 그때에 오직 한 번의 회심이 있은 폭이 된다. 그렇다면 붓다께서는 진리를 크게 깨달으시던 그 순간에 오직 한 번의 회심이 있었다 할 것인가? 물론 우주의 대진리를 깨달은 것이니까, 그것을 회심이라고 하면 더 없는 회심임에 틀림없겠지만, 그

---

4) 위대한 경지로 뛰어드는 것. 마음의 일대 전환.

로부터 40여 년이나 법을 설하시는 동안 심경의 전환이 전혀 없었다고 보아야 할 것인가? 물론 붓다의 깨달음 자체가 완전한 것이었으므로, 다시는 회심이 없었다고 보아야 논리가 맞을 것이다.

한 번 회심을 경험한 사람은 다시 이전의 경지로 전락하는 일은 없을 것이다. 하물며 그것이 붓다의 경우에 있어서랴. 그러므로 나도 그것을 인정하는 데 조금도 주저할 필요를 느끼지 않는다. 다만 그럼에도 불구하고, 서른 다섯 살에 진리를 깨달으신 붓다의 경지와 80세의 고령으로 돌아가시기 직전의 붓다의 경지가 꼭 같았다고 보아야 하느냐 할 때, 역시 무엇인가 달라져 있지 않았을까 하는 생각이 드는 것이다. 흔히 고승의 일생을 말하는 경우, 위대한 회심이 있은 후에도 연령에 따라 원숙해져 가는 경향이 있음을 지적하는 수가 있다. 50대·60대·70대, 각 연령에 따라 그 경지가 심화되고 원숙해져 간다는 것이다. 이런 일이 붓다에게도 있었느냐 할 때, 역시 있기는 있었으려니 하는 생각이 든다. 물론 붓다가 깨달으신 경지 자체는 80에 이르기까지 조금의 변화도 없었을 것이다. 그러나 사람을 대하시는 태도에, 법을 설하는 말씨에 미묘한 변화는 역시 있지 않았을까? 붓다가 보리수 밑에서 크게 깨달으신 다음 49일간 계속하신 명상에서는, 이것을 설하면 과연 중생들이 이해하여 줄 것인가 하는 문제도 생각되었다 한다. 그렇다면 다른 사람들에게 무엇을 어떤 순서로 어떻게 설하느냐 하는 것은 처음부터 붓다에게 있어서는 큰 문제가 되었던 듯하다. 그러므로 법을 설해 가시는 동안에 여러 가지 얻으시는 점이 있었을 것으로 짐작된다. 어떻게 이야기해야 잘 이해시킬 수 있을까 하는 점, 상대에 따라 어느 정도까지 이해시킬 수 있을까 하는 점, 제자들이 무엇을 요구하고 있느냐 하는 점, 어떤 것을 가르치고 어떤 것을 말해 줄 필요가 없느냐 하는 점, 이런 것들을 경험을 통해 알아 가셨을 것이다. 그러기에 그만큼 크게 교화를 이룰 수 있었다고 보아야 될 것 같다. 또 제자들과 신자들의 이야기에도 귀를 기울이셨을 것이다. 그리하여 그들의 심경, 그들의 생활 상태, 그들의 특징을 배워 가셨을 것이다. 또 화술도 더욱 능란해져 가셨을 것이다. 이렇게 인간과의 접촉을 통해 붓다의 스케일이 더 커져 간다 해서, 그것이 붓다의 신성을 상하는 일은 결코 되지 않을 것이다.

이런 마음과 마음의 접촉, 생명과 생명의 접촉을 중시한 것이 스승으로부터 제자에게 도를 전수하는 사자상승(師資相承)의 세계이리라. 가령 선종에서는 교리나 이론을 떠나서 진리는 사람에게서 사람으로 전달되는 것이라 믿어 왔다. 또 이야기가 조금 다르지만, 천태(天台)[5] 대사가 오시 팔교(五時八敎)[6]라 불리는 교상 판석(敎相判釋)[7]을 했을 때, 그것은 역사적 사실과는 무관한 것이었을망정, 붓다의 심경의 미묘한 변화를 통찰함으로써

---

5) 법명은 지의. 수나라 스님. 천태산에 거주했으므로 천태 대사라고도 불린다. 법화경을 중심으로 불교를 통일·정리하여 천태종의 개조가 되었다.
6) 천태종의 교상 판석. 석가 일대의 설법을 법화경을 설하기 위한 준비 과정이라 봄으로써 불교 전체의 체계를 세운 것. 오시는 일대의 설법을 5기로 나눈 것이니, 화엄시·아함시·방등시·반야시·법화시. 팔교는 화의(化儀)의 4교와 화법(化法)의 4교. 화의란 교화하는 형식에서 분류한 것이니, 돈교·점교·비밀교·부정교. 화법은 교리의 내용에서 분류한 것으로, 곧 장교·통교·별교·원교.

경전을 분류해 간 것이라 믿어진다.

그것은 어쨌든 나가세나는 이론에 이론으로 맞서 가면서도, 붓다의 경지를 잘 파악하고 있었던 것으로 보인다. 경전을 어떻게 읽어야 할 것인가에 대해 나가세나는 매우 귀중한 것을 시사해 주고 있는 것이겠다.

---

7) 석가 일대의 설법을 정리하여 체계를 세우는 일. 각 경전의 내용은 가지각색이어서, 이것을 어떻게 하나의 체계로 이해하느냐 하는 난제가 생기는바, 그 교리의 실천·시기 등에 따라 정리하는 것이다. 한 종파의 설립자는 자기의 소의경(所依經)이 최고임을 주장하려 했다.

정법(正法)의 확립

진실에 대한 존경

 붓다는 보리수 밑에서 깨닫고 나서, 고요히 명상에 드신 채 체득한 진리를 다시금 냉정히 관찰하고, 법의 즐거움을 맛보고 계셨던 것이거니와, 그때 이런 생각이 머리에 떠오르셨다. 대체 무엇을 숭배하고 누구를 섬겨야 되느냐 하는 생각이었다. 그것이 만약 어떤 유신론과 관련된 깨달음이었다면, 붓다는 그 신을, 그것이 브라만이든 여호와든 숭배하고 섬기면 되었을 것이다. 그러나 붓다는 일체의 존재가 인연(조건)으로 이루어졌으므로 실체가 없고 무아며 공이라는 것을 깨달으신 것이었다. 거기에는 어떤 우상도 용납할 여지가 없는 것이었다. 사실 모든 종교는 어떤 형태의 것이든 신을 믿게 마련이다. 그것에 의존하여 평안을 얻고자 한다. 이것은 종교의 공통된 특성이다. 그러나 붓다는 의존할 신이 없었던 것이다. 그리하여 아마도 쓸쓸함·허전함을 느끼셨을 것이다. 그러나 아무리 돌이켜 보아도 깨달은 내용에 어떤 잘못이 있는 것은 아니었다. 그리하여 붓다께서는 이렇게 결론을 내리셨다.

"나는 내가 깨달은 법(진리), 이 법을 존경하고, 이것을 섬겨가야 한다. 과거의 붓다들이나, 미래의 붓다들이나, 다 법을 존경하셨고 법을 섬기셨으며, 또 그것을 존경하고 섬기실 것임에 틀림없다. 세상 사람들의 근심과 고뇌를 없애 주시는 삼세의 붓다는 모두 바른 법을 존경하시고, 이것을 섬기신다. 붓다에게 법은 엄연히 존재하는 것이다."

붓다는 깨달음으로써 붓다가 된 것이다. 붓다는 법을 깨달은 데 지나지 않는다. 법은 영원하지만 붓다 자신은 한도가 있다. 법을 깨달은 분은 붓다 이전에도 있었을 것이고 앞으로도 나타나리라. 지금 붓다 자신은 그 영원한 법을 깨달은 데 지나지 않는다. 그렇다면 이 바른 법을 존경하고 그것을 섬기는 것은 오히려 당연한 귀결인 셈이었다.

그러나 붓다에게 가르침을 받은 제자들로서는 법에만 의존할 수는 없는 일이었다. 그들은 그렇게나 오묘한 법을 깨달으신 붓다 그 분, 그 인격과 인간성에 매혹되어 그 분을 숭배하고 그 분에 의지해 온 것이었다. 붓다 자신은 법을 중심으로 교단을 유지해 가실 생각이었는지 모르나, 기실 교단의 중심이 되고 있었던 것은 붓다 자신이었다. 붓다가 중병에서 회복되셨을 때, 교단의 장래에 대해 말씀해 주실 것을 아난다가 청한 것도 붓다를 교단의 지도자라고 여긴 데서 온 것이었다. 돌아가시기 전에 무슨 말씀이 계셔야 한다. 그래야 교단이 운영되어 갈 것이 아닌가? 그런 생각은 아난다만이 아니라 모든 제자들 머리에 오고 갔을 것임에 틀림없다. 그러나 붓다에게는 그런 생각은 조금도 없으셨다.

"아난다여, 출가 수행자들은 대체 나에게 무엇을 기대하고 있느냐? 나는 속에 있는 것이나 겉에 있는 것이나, 모든 법을 너희들에게 설했다. 나는 너희들에게 숨긴 것이 아무 것도 없다. 실로 아난다여, 만약 내가 출가 수행자의 교단의 지도자라고 생각하든지, 교단이 나를 의지하고 있다고 생각한다면, 나는 죽기에 앞서 교단에 대해 무엇인가 말을 남겨야 할는지도 모른다. 그러나 아난다여, 나는 교단의 지도자가 아니며, 또 교단도 나를 의지하고 있다고는 생각지 않는다. 그러므로 아난다여, 나는 죽음을 눈앞에 두고도 교단에 대해 아무 할 말이 없는 것이다. 〈마하 파리닙바나경, 長部經典 16, 2, 24~25〉

법 앞에서는 붓다도 평등하다. 교단이 법을 중심으로 이루어진 평등한 집단이라고 한다면, 붓다도 그 집단의 일원에 지나지 않는다. 이런 생각이 붓다에게 있었을 것이다. 그러나 붓다에게서 가르침을 받아 온 제자들로서는 붓다에 의존하고자 하는 생각이 처음부터 강했던 것도 무리가 아니었다. 그러므로 붓다는 임종에 있어서도 같은 말을 되풀이하여 강조하여야 했던 것이다.

"법을 의지하되, 사람을 의지하지 말라."

"내가 죽은 후에는 법에 의지하여 살아가거라."

이런 점이 메난드로스 왕과 나가세나의 대화에서도 문제가 되었다.

"존사 나가세나여, 붓다는 '아난다여, 여래에게는, 내가 출가 수행자의 교단을 지도하겠다든지, 출가 수행자의 교단은 나를 의지하고 있다든지 하는 생각은 없다.'고 설하셨습니다.

또 미륵(다음에 붓다가 될 보살)에 대해 칭찬하셨을 때, 붓다는 '그는 수천 명의 출가 수행자의 교단을 지도하게 될 것이다. 마치 내가 수천 명의 교단을 지도하는 것과 같이'라고 말씀하셨던 것입니다.

존사 나가세나여, 만약 붓다께서 '아난다여, 여래에게는, 내가 출가 수행자의 교단을 지도하겠다든지, 출가 수행자의 교단은 나를 의지하고 있다든지 하는 생각은 없다.'고 하신 것이 사실이라 하면, '내가 수천 명의 교단을 지도하는 것같이.'란 말씀은 거짓이 됩니다. 또 붓다께서 '마치 내가 수천 명의 교단을 지도하고 있는 것같이.'라 말씀하신 것이 사실이라면, '아난다여, 여래에게는, 내가 출가 수행자의 교단을 지도하겠다든지, 출가 수행자의 교단은 나를 의지하고 있다는지 하는 생각은 없다.'고 하신 말씀도 거짓이 됩니다." (2. 2. 7)

가르침의 인도자

메난드로스 왕의 질문 내용과 내가 앞에서 논했던 일을 비교한다면, 어느 쪽이 붓다의 본질일지는 자연히 밝혀지리라. 그러나 외부 사람이 어쩌다가 우연히 이 문장만을 대하게 된다면, 확실히 거기에서 모순을 발견하게 될 것이다. 나가세나는 이것을 다음과 같이 설명했다.

왕의 질문 중에서 한쪽 말의 의미는 불완전하고, 다른 한쪽은 완전하다. 여래가 스스로 교단을 지도하고 있다고 말씀하셨을 때, 그것은 세속적·상식적 입장에서 하신 말씀이다. 확실히 일반적인 생각을 따를 때 붓다야말로 교단의 지도자였음에 틀림없다. 이것은 자타가 공인하는 사실이다. 그러나 붓다에게 그런 의식이 있었던 것은 아니다. 대중이 자기를 지도자로 추대한 것에 지나지 않는다.

대체 '나'라든지, '내 것'이라든지 하는 말 자체가 세속적인 견해요 여래의 것은 아니다. 그러나 붓다도 대화에 있어서는 '나'라는 말씀도 쓰신다. 그것은 세속에서 생각을 표현할 때 불가피하기 때문에 쓰시는 것뿐이다. 그것이 곧 자아가 아직도 붓다에게 남아 있다는 증거는 되지 않는다. 여래는 스스로 의식하시지 않은 채 다른 사람들의 지주가 되고 계시는 것이다. 대지는 만물이 생존해 가는 근거이다. 또 구름이 비를 내림으로써 초목들이 번성한다. 그러나 대지도 구름도 '나'라는 의식은 없다.

"대왕이시여, 그것과 마찬가지입니다. 여래께서는 모든 사람에게 착한 업을 깨닫게 하시어 그 생활을 지탱해 주십니다. 그리하여 모든 사람은 붓다를 의지하여 살아가고 있습니다. 그렇지만 여래에게는 이것은 내 것이라는 의식은 없으신 것입니다. 왜냐하면 자리적 욕망(我執)이 끊어져 있는 까닭입니다."

붓다는 영원한 진리를 발견하신 것에 지나지 않는다. 그러나 진리는 붓다를 통해 비로소 밝혀진 까닭에, 우리는 붓다를 통해 법을 이해하려 한다. 여기까지는 조금도 잘못이 없다. 그러나 붓다에 대한 숭배는 붓다를 절대시하는 경향을 낳고, 붓다의 절대시는 법(진리) 자체보다도 붓다를 우위에 놓고자 하는 경향을 낳기 쉽다. 사람을 통해 나타난 법보다도 사람을 더 중시함으로써 법 자체에서 외면하게 되는 경향이 생기는 것이다. 이런 태도가 지나치면 법보다도 사람에 의지하고, 법을 두려워하는 대신 사람을 두려워하는 데까지 이르게 된다. 이리하여 자기가 의지하는 사람에 집착하는 나머지, 다른 사람의 말에는 귀를 기울이려고 하지 않게 되기 쉽다. 대승 경전에서는 여러 붓다의 존재를 예상하기에 이르러 종파마다 받드는 붓다가 다르다. 물론 역사적으로 볼 때 붓다는 인도에 태어나셨던 석가 한 분이며, 모든 붓다는 이 석가의 이미지를 확대하여 해석한 것에 지나지 않지만, 자기네가 받드는 붓다만이 위대한 것처럼 착각하는 경향이 없지 않다. 또 종파에 따라 자기네 조사(祖師)만을 위하고, 다른 종파에 속하는 어떤 위대한 인물의 말도 인정하지 않으려는 태도가 확실히 있어 왔다. 이런 것은 모두 법보다도 사람에 집착하고 있기 때문이라고 보인다.

불교에서는 예부터 여러 종파가 있어 왔다. 한 사람의 위대한 인물이 나타나는 경우 그 사람을 중심으로 집단이 형성되어 그것이 하나의 전통을 이루어 간 것이었다. 그런 조사들을 보면 확실히 위대한 종교적 체험을 하고 있는 것이 사실이지만, 그것에 지나치게 집착하여 결국 같은 불교에 대해서조차 폐쇄적인 태도를 취하게 만들었던 것도 부정할 수 없다. 불립문자(不立文字)[8]의 기치를 표방한 달마(達磨)[9]가 나타나면, 그 흐름을 따르는 선종은 이 기치에 지나치게 얽매여 버린다. 선정(禪定)은 여섯 바라밀의 하나로서 다른 바라밀과 상호 부조하여야만 완전한 수행이 될 수 있다. 이것은 적어도 불교 본래의 교리임에 틀림없다. 그러나 후세의 선종 사람들은 선정만이 제일이요 경전 연구 같은 것도 필요 없다는 태도로까지 나왔다. 또 같은 선종이라도 임제(臨濟)니 조동(曹洞)이니 해서 차이가 진다. 그리하여 어떤 사

---

8) 문자에 의존하지 않는다는 말. 이 말은 이론에 얽매여 체험을 경시하는 태도를 경계한 것이라 보아야 한다. 이 말에 얽매여 경전 연구와 이론적 사고 자체까지 배척한다면, 그것도 도리어 큰 집착·큰 미망이 될 것이다.
9) 인도의 중(?~528). 중국에 건너와 선종의 교조가 되었다. 그가 소림사에서 면벽 9년했다는 이야기는 유명하다.

람들은 화두를 중시하는 데 반해, 어느 부류에서는 이것을 대기하기에 이른다. 이리하여 계보를 따지고 이 계보 속에 자기를 얽매려 드는 것이다.

확실히 인간과 인간, 생명과 생명의 접촉을 통해 종교적 체험이 전달되는 일면도 있을 것이다. 그러나 사람에게 너무 집착하여 법을 잃고 만다면, 우리는 어디서 본전이나마 건지겠는가.

바울이 경계한 말에도 같은 우려의 뜻이 넘쳐 있다. 『고린도전서』 제1장에서,

"형제들아, 내가 우리 주 예수 그리스도의 이름으로 너희에게 권하노니 다 같은 말을 하고, 너희 가운데 분쟁이 없이 같은 마음과 같은 뜻으로 온전히 합하라. 내 형제들아, 글로에의 집 편으로서 너희에게 대한 말이 내게 들리니, 곧 너희 가운데 분쟁이 있다는 것이라. 이는 다름 아니라 너희가 각각 이르되, 나는 바울에게 나는 아볼로에게, 나는 게바에게, 나는 그리스도에게 속한 자라 하는 것이니, 그리스도께서 어찌 나뉘었느뇨."

라고 말하고, 같은 『고린도전서』 제3장에서는,

"너희 가운데 시기와 분쟁이 있으니, 어찌 육신에 속하여 사람을 따라 행함이 아니리오. 어떤 이는 말하되, 나는 바울에게라 하고, 다른 이는 나는 아볼로에게라 하니, 너희가 사람이 아니리오. 그런즉 아볼로는 무엇이며, 바울은 무엇이뇨. 저희는 주께

서 각각 주신 대로 너희로 하여금 믿게 한 사역자들이니라."

하며 경계하였다.

신앙에 인도한 데 불과하며, 정도껏 섬기고 있는 것이라는 이 생각은 동서 고금을 통해 모든 신앙에 통용되는 것은 아니겠는가. 신란은 『탄이초』에서 이렇게 단언한 바 있었다.

"염불을 수행하는 사람들 중 내 제자니 남의 제자니 하여 다툼이 일어난다는 것은 말도 안 되는 소리니라. 신란은 한 명의 제자도 가진 바 없도다."

아난다로부터 교단의 후일을 위한 지시를 요구받았을 때, 붓다께서는 아마도 섭섭한 마음을 억누르지 못하셨으리라. 세속적 의미에서 스승이니 제자니 부르는 일은 있을망정, 진실을 추구하는 자에게는, 참다운 의미에서의 스승이나 제자가 있을 수 있는 일이 아니다. 스승이 있다면 법이야말로 그것이며, 제자라면 다 법의 제자이다. 그러나 제자들은 그것을 이해하지 못했던 것이었다. 그러므로 붓다께서는 자신이 결코 스승이 될 수 없다는 뜻을 명백히 하신 것이다. 하물며 우리네가 스스로 지도자로 자처할 때, 참람하다는 비방을 면할 길 없을 것이다.

나가세나가 이런 붓다의 심정을 정확히 파악하고 있었다는 것은 장한 일이라 해야 되겠다.

자살 시비

수행자의 자살

출가한 승려들이 수행하는 목적은 깨달음을 얻는 데 있었다. 그러나 그것이 처음부터 쉽게 해결될 수 있었던 것은 아니었다. 그것은 보이지 않는 마음과의 결투이기에 더욱 어려운 수도였을 것이다. 그러나 천신만고 끝에 그 목적을 달성한 사람들은 마음 속의 악마와 치열히 싸우던 상황을 시로 읊어 지난 날을 고요히 회고한 예도 많이 있다.

제1장에서 나온 사파다사라는 수행자는 25년간이나 애썼건만 한 순간도 안정을 맛볼 수가 없었기에, 대체 살아서 무엇 하겠느냐고 면도칼을 들어 목에 대려는 순간에 활연 대오할 수 있었다 한다(장로의 시, 405~410). 또 시하라는 비구니는 7년을 두고 마

음의 안정을 찾았건만 실패하자, 차라리 죽는 것만 못하다고 생각하고, 나뭇가지에 줄을 매고 목을 걸어 뛰어내리려는 순간에 비상한 종교적 체험을 맛볼 수 있었다고 전한다(장로의 시, 77~81). 또 벼랑에서 몸을 던지려다가 깨달았다는 이야기도 있다.

그러나 죽으려는 순간에서나마 깨달음을 얻어 기쁨의 시를 후세에 남길 수 있는 사람은 행운이라면 행운이었을 것이다. 그런 순간에도 깨닫지 못한 채 그대로 죽어간 사람도 적지 않았을 것이니까. 이것은 교단으로서는 여간 골치를 앓은 문제가 아니었을 터이다. 인도에는 붓다 시대는 말할 것도 없고 후세에 이르기까지 성스러운 행위로 죽는 것을 최고의 명예라고 보는 생각이 보급되어 있었다. 그런 행위의 단적인 표현이 고행이다. 현대에 와서도 간디는 영국과 투쟁할 때 자주 이 방법을 썼다. 하물며 붓다 당시에는 그런 생각이 더 많이 팽배해 있었다고 보아야 될 것이다. 붓다께서 6년 동안 수행하셨다는 것도 그 대부분이 고행이었다. 그러나 자기의 육체, 자기의 생명을 학대하는 일이 결코 진리에 이르는 바른 방법이 될 수 없음을 깨달아 붓다는 여기서 뛰쳐 나오셨다. 그리고 돌아가시기 직전까지도 교화를 그치지 않으신 것은, 목숨을 소중히 해야 한다는 교훈으로도 보인다. 또 붓다는 명확한 말로 고행을 금하시고 자살을 금하셨던 것이다.

자살 자체에 관한 것은 아니지만, 메난드로스 왕은 이렇게 물었다.

"존사 나가세나여, 붓다께서는 '수행자들아, 자살해서는 안 된다. 자살한 자는 규칙에 따라 처리된다.'고 하셨습니다.

그러나 당신들은, '붓다께서는 언제나 여러 가지 방법으로 생로병사의 고통을 끊게 하기 위해 법을 설하셨습니다. 그리고 생로병사를 초월한 자는 누구나 붓다에게 칭찬을 들었습니다.'라고 말씀합니다. 존사 나가세나여, 자살하면 안 된다는 붓다의 말씀이 사실이라면, 생로병사를 끊게 하기 위해 설법하셨다는 당신들의 말씀은 거짓이 됩니다. 또 생로병사를 끊게 하기 위해 법을 설하셨다고 하면, 자살하면 안 된다는 붓다의 말씀도 거짓이 됩니다." (2, 4, 5)

메난드로스 왕은 자살해서는 안 된다는 가르침과 인간의 생존(생로병사)의 괴로움을 끊는다는 일과는 모순되지 않느냐는 것이었다. 괴로움을 끊어야 하는 것이라면, 자살하는 것도 생존의 고통을 끊는 것이 되지 않겠느냐는 이론이다. 그러나 이것은 메난드로스 왕의 질문을 너무나 유치하게 보는 견해인지도 모른다. 오히려 불교에는 염세주의의 경향이 있다고 본 왕이 자살하지 말라는 가르침이 이상하지 않느냐고 시사한 것은 아니었을까? 요즈음도 걸핏하면 불교가 그런 오해를 받고 있는 만큼 신중히 검토되어야 할 문제이겠다.

다시 이 질문의 배후에는 붓다가 자살을 시인하지 않았는가 하는 것까지 예상되어, 생존의 고통을 끊은 사람에 대해 칭찬하고 있는 것도 자살까지 칭찬한 것이 아닌가 생각되기도 한다. 이 질문을 이렇게 해석하는 것이 다소 무리라 해도, 만약 경전에 자살 행위를 인정하고 있는 대목이 있다면, 어떻게 보아야 할 것인지 다시 생각하고 넘어가야 할 것이다.

바카리라는 수행자가 무거운 병에 걸린 적이 있었다. 그는 붓다를 뵙고 싶은 생각이 간절한 나머지, 사람을 보내서 붓다에게 와 주십소서 청했다. 붓다께서는 쾌히 승낙하시고 찾아 가셨다. 붓다가 오시는 것을 본 바카리는 자리에서 몸을 일으키려 했으나, 붓다께서는 그대로 누워 있도록 만류하신 다음, 그의 심정을 들으시었다.

"그 전부터 붓다를 뵈러 가려는 생각은 간절했습니다만, 병이 들어 움직일 수가 없었습니다."

"그런 걱정은 하지 말아라. 병든 몸으로 무리해서는 안 된다. 바카리야, 진실한 법을 보는 자는 나를 보고 있는 것이니라. 나를 진실로 보고 있는 자는 법을 보는 그 사람이다."

이렇게 붓다께서는 병자를 격려하셨다.

그런데 붓다가 떠나시고 나자 바카리는 칼을 들어 스스로 목숨을 끊고 말았다. 이 소문을 들으신 붓다께서는, 바카리는 영원한 편안(열반)을 얻은 것이라 말씀하셨다. 〈相應部經典 3, 87〉

또 고디카라는 수행자는 열심히 수도함으로써 일단 깨달음의 경지를 체험할 수 있었다. 그러나 그것이 영속되지 못했다. 그는 다시 마음을 한 곳으로 하여 수도했다. 이리하여 여섯 번이나 같은 경험을 반복했다. 그는 깨달음이 영속하지 못함을 비관하여 자살하고 말았다. 이 소식을 들으신 붓다께서는, 고디카가 이미 번뇌를 끊어 버린 터이므로, 그는 열반에 든 것이라고 말씀하셨다. 〈相應部經典 2, 23〉

 이런 예는 또 있거니와, 이것만 보면 붓다가 자살을 시인하고 있는 것처럼 해석되기도 한다. 그러나 그 어느 것도 수행에 관계되어 있으며, 결코 세속적인 의미에서의 자살이 아니라는 점은 명기해야 하겠다. 그뿐이 아니라 수행의 단계가 높은 경지에 이른 장로들 사이에서 일어난 일들이었고, 그것도 큰 병이라든지 수행에 있어서의 좌절이라든지가 원인이 되었다는 것을 잊어서는 안 되겠다. 그러기에 붓다는 그 어느 사람에 대해서나 깨달음을 얻어 열반에 든 것이니까 다시 윤회의 고통을 겪는 일은 없을 것이라고 말씀하신 것이었다. 그것이 애욕이나 사업에 관계된 죽음이 아니라 지나치게 수도에 열중한 나머지 일어난 사고였으므로, 붓다께서는 시체에 채찍질하는 것을 피하시고 따뜻한 마음씨로 감싸 주신 것이 아닌가 싶다. 좀더 어떻게 해줄 수도 있었을 것을 하는, 자책 비슷한 감정이 있었던 것은 아니었을까?
 4제·8도를 중심으로 하여 살아갈 것을 가르치신 붓다께서는 당연히 자살 자체는 부정하고 계셨다. 물론 삶에 대해서도 집착이 있어서는 안 되며 죽음에 대해서도 공포를 지녀서는 안 되겠지만, 고덕 사이에 벌어진 자살 행위를 묵인하셨다 하여 자살 자체를 긍정하신 것으로 오해해서는 안 될 것이다. 우리의 엉뚱한 해석은 붓다의 지엽적인 언행을 과장하여 본질을 놓치고 말 우려가 있다.

생명의 본질

우리는 눈을 돌려 나가세나의 대답에 주목하자. 그는 앞서 두 말에는 각기 별도의 이유가 있음을 알아야 한다고 주장했다. 계를 잘 지키는 사람은 무량한 공덕을 쌓게 되고, 모든 사람에게 이익을 주게 된다고 하면서, 어느 장로의 글을 인용했다.

"계를 지키고 아리따운 법을 실천하는 사람들은, 오래 살면 살수록 많은 사람의 이익을 위해, 세상 사람의 행복을 위해 일하게 된다."

청정한 수도자는 목숨이 있는 한 남을 위해 활약한다. 그것을 의식하든 의식하지 않든 살아가는 것이 바로 이타행이 되는 것이다. 마치 붓다가 병든 몸을 이끌고 최후까지 교화를 그치시지 않았듯이, 수행자는 진리를 실천하기 위해 일생을 바쳐야 한다. 이런 적극적인 실천이야말로 붓다의 가르침에 틀림없다. 나가세나가 말하고자 한 것은 실로 이 점이었을 것이다.

그는 다시 괴로움을 끊게 하고자 설법하신 이유에 대해서도 설명했다. 태어나는 것도 괴로움이다. 늙는 것도 괴로움이다. 병드는 것도 괴로움이다. 죽음도 괴로움이다. 근심도 괴로움이다. 고뇌도 괴로움이다. 번민도 괴로움이다. 미워하는 자와 만나는 것도 괴로움이다. 사랑하는 자와 헤어지는 것도 괴로움이다. 부모의 죽음도 괴로움이다. 형제·자매·자식·아내의 죽음도 괴로움이다. 이런 괴로움을 하나하나 열거하여, 인간이 살아가는 동안 맛보아야 할 괴로움에 대해 설명하고 나서, 이렇게 결론을 내렸다.

"대왕이시여, 윤회의 세계를 휘도는 자는 이런 온갖 괴로움을 받아야 합니다. 마치 히말라야 산에 내린 빗물이, 바위나 자갈이나 나무 뿌리의 장애를 뚫고 갠지스 강으로 흐르듯이, 대왕이시여, 고통은 윤회하는 모든 사람의 생활에 침투하여 생활을 파기합니다.

대왕이시여, 미혹의 삶을 반복하는 것은 괴롭고, 미혹의 삶을 끊는 것은 즐겁습니다. 대왕이시여, 붓다께서는 모든 사람이 이런 고통에서 벗어나게 하기 위해, 즐거운 열반에 들 수 있게 하기 위해 이 가르침을 설하셨습니다. 이것이 붓다께서 설하신 이유입니다."

붓다의 가르침은 미혹 속에서 허덕이는 사람이 이 세상에서 살아가며 미혹을 극복하게 하려는 데 있었다. 그것은 자살이나 혹은 어떤 다른 수단을 쓰든 무조건 고통으로부터 벗어나기만 하면 된다는 것이 아니라, 미혹을 버리고 잘 살도록 해주려는 데에 목적이 있었던 것이다. 이에 비해 자살은 행위를 파괴할 뿐 아니라, 남에게도 막대한 폐를 끼치는 결과가 된다. 죽음으로써

보다 높은 차원으로 비약하게 된다든지, 남을 위하는 길이 된다든지 하는 경우라면 또 모르되, 그것은 하나의 좌절, 하나의 회피일 수밖에 없는 것이다.

아쿠다가와(芥川)는 자살했을 때 남긴 『어느 친구에게 보내는 수기』에서,

"나는 양키들이 믿는 것처럼 자살을 죄악이라고는 생각지 않는다. 붓다는 아함경 속에서 그 제자의 자살을 긍정했다. 곡학아세의 무리들은 그 긍정은 특수한 경우에 한한다는 따위의 말을 하리라."

고 쓰고 있지만, 비록 기독교에서와 같이 죄악으로 보지는 않는다 해도, 아쿠다가와의 해석을 그대로 용인할 수는 없는 문제다. 생활의 파괴를 불교가 긍정할 리 없기 때문이기도 하고, 붓다가 그것을 용인하신 적이 있었다 해도, 그것은 수행의 단계가 높은 사람들의 행위였고, 또 죽었기에 온정으로 감싸 주신 것임을 잊어서는 안 되겠다. 경전을 제멋대로 해석하는 위험성을 오히려 지적해야 할 것이라 믿는다.

불해와 절복(折伏)

원한의 초극

앙구리마라라는 흉악한 도둑 이야기는 불교의 유명한 전설 중의 하나다.

코살라 국의 바라문 출신인 앙구리마라는 스승의 아내로부터 유혹을 받았으나 이것을 물리친 까닭에, 도리어 그 여인의 간계에 걸려서 살인을 하기에 이르렀다. 이리하여 피를 본 앙구리마라는 흡혈귀처럼 되어 닥치는 대로 사람을 죽였다. 그리고 죽인 사람에게서 잘라낸 손가락으로 목걸이를 만들어 걸고 다녔다. 사람들은 그를 잡으려 했으나, 그때마다 사람만 죽어 갔다.

붓다께서는 사람들의 근심을 덜어 주고자 앙구리마라가 잘 나타나는 고장으로 걸음을 옮기셨다. 사람들은 깜짝 놀라서 만류

했으나, 붓다는 조금도 개의치 않으시는 듯했다. 붓다가 나타나신 것을 본 앙구리마라는 뒤에서 붓다에게 접근하려고 했으나 어찌 된 일인지 아무리 빨리 걸어도 가까워지지가 않았다. 그는 마침내 소리쳤다.

"수도하는 사람아, 잠깐 멈추어라."

그러자 붓다께서는 조용히 말씀하셨다.

"나는 처음부터 멈추지 않았느냐. 너야말로 멈추어라."

앙구리마라는 의아하여 물었다.

"당신은 이상한 소리를 하시오. 당신은 걷고 있는데 멈추어 있었다 하고, 나는 서 있는데도 멈추라니, 이것이 어찌 된 말씀이오?"

뜻밖의 말을 던져 상대의 살의를 반감시킨 점으로 보아, 붓다가 인간의 미묘한 심리까지도 얼마나 잘 알고 계셨는지를 알게 해준다. 붓다는 엄숙히 대답하셨다.

"앙구리마라야, 나는 실로 언제나 멈추어 있다. 나는 항시 모든 생물에 대해 해칠 뜻을 버리고 있는 것이다. 그러나 너는 조금도 자제함이 없이 매일 살인을 저지르고 있지 않으냐. 그러므로 나는 서 있거니와 너는 멈추지 않은 것이 된다."

이 말에 감동한 앙구리마라는 그 자리에서 자기 죄를 뉘우치고 붓다의 제자가 되었다.

그 후의 앙구리마라에 대해서도 몇 개의 전설이 남아 있거니와, 어쨌든 수행에 열중하고 있었다. 어느 날 사위성에 탁발하러 갔을 때였다. 그에게 원한을 품은 사람들이 모여들어 나무와 돌을 마구 던졌다. 그는 옷이 찢어지고 머리가 깨져 피투성이가 된 모습으로 돌아왔다. 인과응보라고 하지만 지난 날의 잘못을 뉘우쳐 아무런 저항 없이 곤욕을 참아낸 앙구리마라에 대해 붓다는 칭찬하는 말씀과 함께 이제야말로 참아야 한다는 이치를 타이르셨던 것이다.

앙구리마라가 원망을 받은 데에는 이유가 있다. 비록 그를 뒤에서 교사한 스승이나 그 부인이 있었다 해도, 자기가 한 짓을 취소할 수는 없다. 지난 날의 잘못을 뉘우친 앙구리마라는 곤욕을 참았을 뿐 아니라, 스승을 원망하는 태도도 버림으로써 도리어 그를 불쌍히 여기는 경지에 들어갔다.

어쨌든 앙구리마라의 경우에는 그만한 박해의 이유가 있었거니와, 목련(目連)의 경우는 그렇지가 않았다. 그가 탁발하고 있는 것을 본 바라문들이,

"고타마(붓다)의 제자 중에서 저놈이 제일이란다. 우리 그를

에워싸고 때려 죽이자."

고 외치면서 무작정 구타했던 것이다. 그는 온몸이 상처투성이가 되었으나 겨우 정사까지는 돌아올 수 있었다. 사리불이 이것을 보고 물었다.

"신통 제일이라는 당신이 왜 피하지 못했소?"
"내가 지은 업(業)이 원래 깊었던 까닭이겠죠. 그 보(報)로 이런 꼴을 당하게 되었을 것이오. 인간의 목숨이란 짧소. 나는 죽는 것뿐이오."

이렇게 대답한 목련은 곧 죽었다(增一阿含經). 목련은 원망해야 할 상대를 원망하는 대신 자기의 업이라고 받아들임으로써 원한의 세계를 초월한 것이었다.

이제 이 두 사람의 예를 든 것은 불교에서 말하는 아힘사의 정신을, 즉 불해(不害) · 불살생(不殺生)의 주장을 제자들이 실제로 어떻게 받아들이고 실천하였나 하는 점을 이해하기 위함이었다.

메난드로스 왕은 이렇게 물었다.

"존사 나가세나여, 붓다는 '이 세상에서 다른 사람을 해치면 안 된다. 누구에게나 친절히 하고 사랑해야 한다.'고 설하셨습니다. 그러나 또 '가책해야 할 사람은 가책하고, 책려(策勵)해야 할 사람은 책려하라.'고도 설하셨습니다. 존사 나가세나여, 가책이란 손발을 끊고, 고문하고, 투옥하고, 벌하고, 죽음에 이르게 하고, 목숨의 영속성을 끊는 일입니다. 그러므로 이 말은 붓다에게 어울리지 않으며 붓다가 이 말씀을 하신 것도 어울리지 않습니다.

존사 나가세나여, 만약 붓다께서 '이 세상에서 다른 사람을 해치면 안 된다. 누구에게나 친절히 하고 사랑해야 한다.'고 설하셨다면, '가책해야 할 사람은 가책하고, 책려해야 할 사람은 책려하라.'는 말씀은 거짓이 됩니다. 만약에 여래가 '가책해야 할 사람은 가책하고, 책려해야 할 사람은 책려하라.'고 설하셨다면, '이 세상에서 다른 사람을 해치면 안 된다. 누구에게나 친절히 하고 사랑해야 한다.'는 그 말씀도 거짓이 됩니다."

(2, 3, 11)

붓다는 '해하지 말라.'고 말씀하셨다. 그것뿐이 아니라 적극적으로 '다른 사람에게 친절히 하고 사랑해야 한다.'고도 동시에 강조하셨다. 남을 해치지 않는 것만으로는 이웃이야 어찌 되든 관계할 바 아니라는 소극적인 행위가 되기 쉽다. 자기는 자기, 남은 남이라고 생각하는 인간 소원의 감정으로 옮아 갈 우려가 없지 않다. 그러므로 남을 해하지 않는다는 행위의 배후에는 타인에 대한 인간애가 깃들어 있어야 할 것이다. 따라서 아힘사의 정신은 소극적인 것에 그치는 것이 아니라 바로 자비행 그것임을 알아야 되겠다.

그런데 메난드로스 왕은 아힘사의 정신과 가책하라는 말씀은 모순이 되지 않느냐고 한 것이다. 더욱 가책이라는 말을, 손발을 끊고, 고문하고, 죽이는 일이라 해석하여 추궁한 것이다.

가책이라는 말은 우리 사회에서는 '양심의 가책'이란 정도로 사용되고 있으므로, 이상한 느낌이 들지도 모른다. 이 말의 원어는 niggaha, nigraha로서, 체포·제지·억제·구속·고문·처벌 등을 뜻하며, 한역의 대표적인 것으로는 절복·최복(摧伏)·범금(犯禁)·타부(墮負) 따위를 들 수 있다. 그 대비어인 책려 즉 paggaha, pragraha는 수용·촉진·노력 등을 뜻하는 말이다. 메난드로스 왕은 niggaha를 '가책'보다도 '처벌'의 뜻으로 쓰고 있으나, 불교에서는 '가책'의 의미로 해석해 왔다. 그리하여 메난드로스 왕은 자기의 해석에 의해 모순이라고 대들고 있는 것이다. 언어가 왜곡된 채 이해되는 것처럼 무서운 것은 없다. 그러나 받아들일 수도 있는 면이 존재하는 것이라면 주의하여 사용해야 할 것이다. 나가세나는 왕의 예대로 해석하여 거꾸로 상대의 모순을 찌르려 했다.

가책과 책려

그것은 어쨌든 가책과 책려의 한역이 절복과 섭수라면, 일본인의 눈에는 특수한 현상인 것처럼 보일 것이다. 『밀린다 왕의 물음』보다 훨씬 뒤에 생긴 대승 경전 『승만경』의 기록은 특히 유명하다.

승만 부인은 열 가지 서원을 붓다 앞에 말씀드리면서 아홉 번째에 가서 이 절복과 섭수를 역설하고 있는 것이다.

"붓다여, 저는 오늘부터 궁극의 깨달음에 이르는 그 날까지 새나 물고기를 잡든지, 목축을 하든지, 기타 좋지 않은 생업에 종사하거나 어떤 계를 어기는 행위를 보았을 때는, 결코 버려두지 않고, 제 힘이 미치는 한 각각 그 자리에서 강하게 책망해야 할 사람에게는 강하게 책망하여 그 잘못을 깨우쳐 주고, 부드럽게 설득해도 알아듣는 사람에게는 부드럽게 이야기하여 바른 길에 들도록 하겠습니다. 어째서냐 하면 절복(강하게 책망함)과 섭수(부드럽게 타이름)에 의해 정법(正法)은 이 세상에서 길이 유지되는 까닭입니다." 〈十受章〉

이 예에서 알 수 있듯이, 절복은 상대의 잘못을 강하게 책망함으로써 그 만심을 깨뜨리고 미혹을 깨우쳐 주는 일이며, 섭수는 부드럽게 타이름으로써 납득시키는 일이다. 그리고 절복은 섭수의 전 단계라고도 볼 수 있거니와, 이 두 가지는 수레의 두 바퀴와도 같은 관계에 있어서, 어느 한쪽만으로는 완전한 구실을 다할 수는 없는 성질의 것이다. 『승만경』이나 『밀린다 왕의 물음』이나 이런 전제 밑에 두 말을 사용하고 있는 것이겠다. 그러나 절복을 메난드로스 왕은 처벌의 뜻으로 쓰고 있는 것이다. 이에 대해 나가세나는 이렇게 대답했다.

"대왕이시여, '이 세상에서 다른 사람을 해치면 안 된다. 누구에게나 친절히 하고 사랑해야 한다.'는 것은 모든 여래가 인정하고 계시는 일이며, 또 이것은 훈계요, 법의 설명인 것입니다. 대왕이시여, 법이야말로 아힘사(不害)를 특징으로 하고 있는 것입니다. 바꾸어 말하면 이 말씀은 진리의 본질을 밝히신 것입니다.

그러나 대왕이시여, 다시 여래께서는 '가책해야 할 자는 가책하고, 책려해야 할 자는 책려하라.'고 말씀하셨습니다만, 이것은 다음과 같은 일을 가리키신 것입니다. 대왕이시여, 흥분하여 들떠 있는 마음은 억제(가책)하지 않을 수 없고, 위축하고 침체한 마음은 책려하여야 됩니다. 착하지 않은 마음은 가책하고, 착한 마음은 책려해야 합니다. 바른 주의 작용이 없는 자는 가책해야 하고, 바른 주의 작용이 있는 자는 책려해야 합니다. 그릇된 짓을 하는 자는 가책하고, 바른 행위를 하는 사람은 책려해야 합니다. 또 도둑은 가책해야 하고, 그렇지 않은 사람은 책려해야 됩니다."

가책이라는 말을, 우리는 '양심의 가책'에서처럼 자기가 자기에게 책망하는 뜻으로 쓰는 데 대해 메난드로스는 남에 대한 책망의 의미로 사용하고 있다는 것을 알게 된다. 그런데 메난드로스 왕은 '도둑'에 관한 말을 잡고 늘어졌다. 도둑을 사형에 처하는 것은 여래가 인정한 일인가 어떤가, 만일 그렇지 않다면 도둑을 어떻게 교화해야 된다고 인정하신 것이냐고 물었다.

"대왕이시여, 사형에 처해지는 사람은 여래의 허락으로 사형이 되는 것이 아니라, 자기가 저지른 죄악에 의해 사형당하는 것입니다. 그러나 대왕이시여, 붓다의 가르침을 들은 총명한 사람이라면, 죄도 없는 사람을 죽일 수가 있겠습니까?"

나가세나의 대답은, 사형에 처해지는 사람은 붓다 탓이 아니라, 자신의 죄악 때문임을 명백히 했다. 그리고 붓다의 가르침을 듣고 이것을 신봉하는 사람이라면, 남을 해치는 행위를 어떻게 할 수 있겠느냐고 못을 박은 것이다. 이 말은 앙구리마라나 목련의 이야기와 일치한다. 아마 나가세나의 머리에도 이런 사람들의 순교 행위가 퍼뜩 떠올라 왔었는지도 모른다.

하여간 가책(절복)과 책려(섭수)는 서로 협조함으로써 목적을 달성할 수 있다. 오만하고 자아 의식이 너무 강해서 경조 부박한 자는 크게 책망되어야 한다. 이와는 반대로 조금이라도 착한 점이 있다면, 크게 격려하고, 다른 행위도 고치도록 하여 더욱더 정진하도록 만들어 가야 한다. 그리고 남을 가책하고 책려하는 사람은 항상 아힘사의 정신을 지니고 있어야 하는 것이다. 만일 증오하는 마음으로 상대를 가책한다면, 사태를 더욱 악화시키고 말 것이기 때문이다. 절복(가책)하기 어려운 점이 실로 여기에 있다 하겠다.

원증회고(怨憎會苦)라 했다. 미워하는 자와 얼굴을 맞대야 되는 고통은 이만저만한 것이 아니다. 그 원한을 버려야 한다는 생각이 없는 것은 아니나 감정의 물결은 좀처럼 가라앉지 않는다.

그런 자기에게 뉘우치기도 하고, 다시 미워하기도 하는 일을 반복하고 있는 것이 우리 범부의 일생일지도 모른다. 그런 우리에게 목련이 보여 준 아힘사의 정신은 영원한 지표가 되리라. 이런 경지는 결코 동양 고유의 것이 아니다. 그것은 예전부터 지녀 온 인류 공통의 소망이라 할 수 있다. 그리고 이해가 서로 날카롭게 맞서고 있는 현대에서야말로 이 정신의 실현은 더욱 요청된다 할 것이다.

『마태복음』제5장에도 같은 정신이 엿보인다.

"네 이웃을 사랑하고 네 원수를 미워하라 하였다는 것을 너희가 들었으나, 나는 너희에게 이르노니, 너희 원수를 사랑하며, 너희를 핍박하는 자를 위하여 기도하라."

그러나 문제는 결코 단순하지가 않다. 어느 사람이 나를 때릴 때, 그가 하는 대로 무조건 내맡길 수가 있을 것인가? 무의식중에 손을 들어 막으려 드는 것이 인간이리라. 만약 막고자 한다면 그것만으로도 이미 저항한 것이 될 것이다. 인간을 좀처럼 믿지 않으려는 현대의 풍조 자체가 이미 저항하는 모습이라고 할 수 있다. 그러므로 인간을 붓다가 될 수 있는 가능성으로서 파악하여 이를 존경하고 사랑하는 것이야말로 진실한 의미에서 아힘사의 정신을 살려 가게 만들 것이다. 물론 현실로서의 인간은 반드시 그런 사랑에 어울리지 않을지도 모른다. 그럼에도 불구하고 진실한 사랑에 눈뜬 사람이라면 그런 미혹된 상태에 대해 연민을 느끼고, 자기 것인 듯 가슴 아파하게 된다. 이것이 대비(大悲)의 정신이다. 아힘사의 정신은 바로 대비 그것임을 알아야 한다.

간디의 무저항주의 같은 것은 단순히 이론으로서 파악될 성질의 것이 아니다. 그것은 우리가 참답게 살고자 하는 진지한 노력을 거듭해 갈 때, 비로소 어렴풋하게나마 느껴져 올 진리의 광명일 것이 분명하다. 하물며 자기의 얕은 지혜나 타산에 의해 그것을 곡해·비방하는 것 따위는 우리가 취할 태도가 아니다. 서로 대립과 저항만을 일삼는 현대에 있어서 아힘사의 정신은 다시 평가되어야 하겠다.

존경과 비난

바보

미야자와(宮澤賢治)는 「비에도 지지 않고」라는 시에서,

> 누구게에나 바보 소리를 들어
> 칭찬도 안 받고
> 미움도 안 받는
> 그런 사람이
> 나는 되고 싶다.

고 노래한 바 있거니와, 바보라고 불리는 경지는 어떤 것일까? 법화경 신자였던 시인의 이 생각을 어떤 이는 보살행 그것이라

고 했다. 바보의 뜻을 캐어 보면 활동력이 없는 사람, 소용에 닿지 않는 사람, 융통성 없는 사람 등등의 의미가 될 것이다.

그러나 바보니 똑똑하니 하는 것도 요컨대 상대적인 평가다. 같은 행위도 기준에 따라 이렇게도 평가될 수 있고 저렇게도 평가되기 마련이다. 부정한 방법으로 치부하는 일은 정의감에 입각해 생각한다면 허용될 수 없는 죄악일 것이다. 그러나 요즘 같은 혼탁한 세상에서는 당연한 것으로 받아들이는 경향이 있다. 아니 그렇게 못하면 바보 대접을 받아야 한다. 이런 의미에서는 바보에게도 바보인·대로 존재 가치가 있다고 할 수 있다.

『법화경』에 상불경(常不輕) 보살 이야기가 나온다. 그가 보기에 모든 사람은 붓다가 될 가능성이 있는 것으로 비쳤다. 그래서 그는 만나는 사람마다 진실을 다해 예배했던 것이었다. 그러나 세상 사람들은 그를 바보라 욕하고 갖은 모욕을 다 주었다는 것이다. 그렇다고 그런 것쯤으로 그만두고 말 상불경 보살이 아니었다. 그는 여전히 예배를 계속했다. 왜냐하면 그는 바보였기 때문이다.

바보라고 불리는 사람 중에는 정말 바보도 물론 있을 것이다. 그러나 따지고 보면 매우 훌륭한 사람인데도 그런 말을 듣는 경우도 있다는 것을 알게 된다. 이런 사람은 세상의 기준에 자기 행위를 맞추지 못하기 때문에 바보 소리를 듣고 있는 것이다. 이런 사람의 특징은 자기를 조금도 잘났다고 생각지 않으며, 또 남의 칭찬을 들으려고 하지도 않는다는 점에 있다. 정말로 위대한 바보인 까닭이 여기에 있다. 종교에서만이 아니라 어디에서나 위대한 업적을 남긴 사람 중에는 이런 바보가 적지 않다. 바보이기 때문에 남을 구하려다가 제 목숨을 잃는다. 바보이기 때문에 나라를 위해 자진해서 죽어 간다. 바보이기 때문에 남이 돌아보지 않는 일을 오랜 시일을 소비하여 이루어 낸다. 이런 일은 이 세상에 얼마든지 있고, 인류의 역사에 빛을 더해 준 것은 소위 똑똑한 사람보다도 이런 바보의 힘이 더 컸음을 기억해 둘 필요가 있다.

그러기에 누구나 남에게서 비난받는 경우가 생긴다. 이것은 붓다라도 면할 수 없는 일이다. 그러나 칭찬도 비난도 세상 사람들의 상대적인 판단에서 나오는 것이라면, 그런 것에 동요되지 않는 태도야말로 이상적인 경지일 것이다. 그런 반면에 남을 이해한다는 것이 얼마나 어려운 일인가도 뼈저리게 느껴진다.

내가 알고 있는 분 중에 K라는 스님이 있었다. 이 분은 어떤 인연 때문이었는지, 기생이었던 여인을 아내로 삼았다. 그 여인은 스님의 부인이 되기는 했으나, 예전의 습성이 남아 있어서 이러니 저러니 말이 많았다. 이 스님은 전쟁중에 무리한 탓으로 돌아갔거니와, 나는 그 스님의 측근에서 생전의 스님과 부인에 관한 이야기를 듣고, 전에 오해했던 것을 새삼 부끄럽게 생각하였다. K 스님은 매일 아침 예불이 끝나고 나면 부인을 불러 앉히고, 부처님의 가르침에 대해 한 시간씩 강화를 하셨고, 이것을 듣는 부인도 단정히 앉아서 진심으로 귀를 기울였다는 것이었다. 그러나 업이랄까, 인간의 한계랄까, 남이 보기에 그 부인의 생활 태도는 스님의 부인답지 못한 점이 많았다. 그리하여 비난도 받고 말썽도 일어났던 것이지만, 그 부인의 좋은 면을 보아 주지 못한 허물은 주위 사람 누구에게나 있었다 아니 할 수 없다. 그리고 K 스님은 이런 오해를 무릅쓰고 부인을 바른 길로 이끌어 가기 위해 애썼던 것이니 새삼 고개가 숙여진다. 그러나 K 스님에 대한 오해는 아직도 남아 있다. 그것은 그것대로 영영 풀리지 않을지도 모른다. 그러나 K 스님에게는 그런 것쯤 조금도 문제될 것이 없었는지도 모른다. 그도 또한 바보였던 것일까?

붓다가 돌아가신 후 인간으로서의 붓다는 더욱더 숭배의 대상이 되어 마침내 초인적인 존재로서 받아들여지게 되었다. 말하자면 붓다를 신격화하기에 이른 것이었다. 이리하여 여러 전설이 붓다와 결부되고, 또 만들어 낸 이야기가 추가됨으로써 붓다의 본생담, 즉 전생 이야기가 성립하였다. 메난드로스 왕이 인용하여 질문한 것은 이런 이야기였다.

상왕(코끼리의 우두머리)이 자기를 쏜 포수를 죽이려고 찾았더니, 포수는 누런 빛깔의 가사(수도자의 의복)를 걸치고 있었다. '성스러운 옷을 입은 사람을 죽일 수는 없다.'고 생각한 상왕은 포수를 용서해 주었다. 그 상왕은 전생의 붓다였다. 또 조티파라라는 청년이 가섭불을 '중놈……', '엉터리 수행자'라고 욕한 일이 있었다. 이것도 붓다가 전생에서 한 일이다.

그렇다면 코끼리였을 때에 가사를 걸쳤다는 이유만으로 포수를 놓아 준 사람이 가섭불을 욕할 수 있는가? 또 가섭불을 욕한 것이 사실이라면 가사를 걸쳤다는 이유만으로 포수를 용서할 수 있는가? 이렇게 메난드로스 왕은 질문한 것이다.

붓다의 본생담은 후세에 만들어졌을 뿐 역사적 사실은 결코 아니다. 더욱 이 두 가지 이야기가 성립한 것도 같은 시기가 아니었다. 따라서 그런 모순 자체가 성립할 수 없다고 가볍게 받아넘길 수도 있었을 것이다. 그러나 나가세나는 이것을 이것대로 받아들이려 했다. 그 당시에 있어서는 그것을 어디까지나 사실이라 믿었음에 틀림없었을 것이며, 따라서 그것을 부정한다는 것은 붓다 그 사람과 그 가르침 자체를 부정하는 것이 된다고 믿었을 것이다. 또 어떤 경우에도 붓다에게 잘못이 있을 리 없다는 생각도 있었을 것이다. 이리하여 사실이냐 아니냐는 문제는 제쳐 두고, 이것에 대해 정면에서 대답해 가야 했던 것이다.

중놈이니 엉터리 수도자니 하는 말은, 한역에서는 '독두사문(禿頭沙門)'이라 한다. 이런 말이 생겼다는 것은 붓다 당시부터 불교를 백안시하는 사람들이 있었다는 증거도 될 것이다. 또 아침에 사냥을 나갔던 포수가 도중에서 중을 만나자 '독두사문'이라고 욕했다는 기록도 남아 있다.

믿음과 비방

나가세나는 조티파라가 여래를 비난한 것은 그 가문 때문이라고 설명했다.

"대왕이시여, 마치 감로(甘露)도 독을 타면 썩어지는 것처럼, 또 차가운 물도 불로 데우면 뜨거워지는 것처럼, 대왕이시여,

그것과 마찬가지로 조티파라도 신앙 없는 집안에서 태어났던 것입니다. 그 가문 탓으로 여래를 욕하게 되었던 것입니다. 대왕이시여, 다시 말씀드리자면 무섭게 타오르는 불은 빛과 열을 갖추고 있건만, 물을 부으면 빛과 열을 아울러 잃고 맙니다. 대왕이시여, 그것과 마찬가지로 조티파라는 지혜와 지식을 갖추고 있었건만, 신앙 없는 가문에 태어난 까닭에 눈이 어두워져 여래를 비난하기에 이르렀던 것입니다. 그러나 붓다를 뵙고 붓다의 덕을 이해하자, 마치 붓다의 종처럼 순종함으로써 붓다의 가르침에 따라 출가하여 뛰어난 이해력과 정신력을 발휘하게 되었으며, 마침내 범천의 세계에 태어나는 한 사람이 되었던 것입니다."

인간은 본래 청정한 존재임에 틀림없건만, 자라나면서 환경의 영향으로 번뇌에 뒤덮이게 되어 정확한 판단력조차 상실하게 된다. 이런 생각은 불교에 본래부터 있는 터이지만, 나가세나도 조티파라가 붓다를 비난한 것은 훌륭한 기품을 구비하고 있는데도 나쁜 환경의 영향을 받았기 때문이라고 변명한 것이었다. 그렇기 때문에 붓다의 언행에는 아무 모순도 없다는 것이 나가세나의 생각이었다.

이것은 있지도 않은 일을 사실로 오해한 데서 나온 것이니까 문제 삼지 않는다 해도, 얼마나 비방을 받기 쉬우냐 하는 점을 말해 주는 증거는 되리라. 과거의 위대한 승려 중에서 다소의 비난을 안 받았던 사람은 거의 없었다 해도 과언은 아니다. 일본

고승 중에서 가장 온후했던 사람이 호넨(法然)이었다고 생각되거니와, 그도 비방을 면하지는 못했었다.

교토(京都)의 묘젠(明禪)이라는 중은 처음에는 호넨이 주장하는 염불을 비방하다가 마침내 그에게 귀의한 사람이다. 그 묘젠이 지은 책에 『술회초』라는 것이 있는바 거기에서 그는 호넨에 대해 이렇게 말했다.

"우리 나라(日本)에도 정토를 권하고 염불을 유포시킨 분들이 많이 있었거니와, 호넨(法然上人)은 믿음과 비방을 아울러 가장 많이 받았다."

믿어 주는 사람이 많은 반면 비방하는 사람도 많았다는 것은, 도리어 호넨이 범상하지 않았다는 증거가 될지도 모른다. 신임과 비난은 그림자처럼 서로 따라 다니는 것인지도 모른다. 가령 믿어 주는 사람이 다섯 명 있고, 비방하는 사람이 다섯 명 있다면, 그래도 존재 가치가 있지 않을까. 이것조차 못하고 마는 것이 우리의 실정일지도 모른다. 하물며 믿어 주는 사람이 천 명, 만 명이 되고, 욕하는 사람도 천 명, 만 명이 된다고 하면, 그 사람이야말로 역사에 이름을 남길 위인일 것임에 틀림없으리라.

묘젠은 또 이렇게 말했다.

"예전이건 지금이건 이런 주장을 한 분이 없었던 터이니까, 과실이라면 뛰어난 과실일 것이며, 덕이라면 뛰어난 덕일 것이다."

 비난을 듣는다 해도 과거에 그런 주장을 한 사람이 없는 터이니까, 비판의 대상으로 하기가 곤란하다. 비록 과실이라 한대도 뛰어난 과실이라 해야 할 것이다. 이렇게 말하는 곳에 우리가 맛보아야 할 뉘앙스가 있는 것 같다.

 결혼식 같은 때, 속이 들여다보이는 인사를 늘어놓고, 심지어는 결혼하는 당사자보다도 그 부모만 치켜 세워서 어리둥절하게 만드는 경우가 있다. 마음속에서 나온 인사말이 아니라 아첨하고 있는 것이다. 오히려 '축하합니다.' 하고 한마디 하는 것이 얼마나 더 깨끗한지 모른다. 또 어떤 사람은 식을 부드럽게 한다고 신랑을 깎아 내렸더니, 다음에 축사한 모든 사람이 그 본보기를 따르게 되어 식 자체가 엉망이 되고 만 예도 있다. 존경도 신뢰도 상실된 세계이기에 있을 수 있는 비화이겠다.

 여러 사람에게서 비난을 듣는다 해도 뜻밖에 훌륭한 사람인 경우도 있을 것이다. 또 남들이 모두 존경한다 해서 반드시 완전무결한 성인 군자인 것도 아니겠다. 비난과 존경은 인간이 걸머지고 다녀야 하는 한 쌍의 식기 같은 것이리라.

 책임 없는 비난으로 꽉 차 있는 오늘, 좀더 상대의 입장을 생각해 주고 그 동기를 살펴보는 여유를 가져야 하겠다. 그런 의미에서 선재 동자가 창녀를 찾아가 가르침을 받은 사실은 우리에게 무언의 교훈이 될 것이다. 존경과 비난이 표리의 관계임을 알 때, 우리의 시야는 더욱 넓게 트일 것이 아니겠는가.

출가자의 정신

출가 의식

출가란 도를 닦기 위해 문자 그대로 '집을 나가는' 일이다. 그것은 부자·형제·친척·친구 같은 인간 관계와의 결별을 의미한다. 처음부터 예사 노력으로 될 일이 아니다. 아니 그런 결의만 가지고 따지더라도 장하다 아니 할 수 없을 것이다. 왜냐하면 가진 것이 적은 사람이라도 자기의 재산이나 지위나 인적 관계를 완전히 떠나기란 쉬운 일이 아니기 때문이다. 그러므로 고대에는 출가자는 무조건 존경을 받았다. 또 출가자 자신들도 대부분 청정한 생활을 보냈으므로, 그러한 대접을 받을 만도 했던 것이리라.

그러나 시대가 흐름에 따라 승려의 질도 저하되었거니와 시대

자체도 크게 변동을 겪었다. 이리하여 출가자에 대한 견해도 달라져 가고, 출가자 내부에서도 어떤 변혁이 불가피하였던 것이니, 그런 변화를 크게 셋으로 나눌 수 있을 것이다. 그 제1기는 대승 불교가 성립하던 시기였다. 그리고 제2기는 (일본으로 볼 때) 가마쿠라(鎌倉) 시대(대체로 고려 말에서 조선 초기에 걸치는 150년)의 불교였고, 제3기는 현대라 할 수 있다. 가마쿠라 시기는 시대 정신이 크게 흔들리던 때였다. 그런 시대의 흔들림은 무사나 서민은 말할 것도 없고 승려 계급까지도 새로운 자각을 갖지 않을 수 없게 만들었다. 형식만을 지키는 것이 승려라 한다면, 허수아비에게 가사를 입혀 놓는 것이 좋을 것이라는 여론조차 있었을 정도였다. 형식에 얽매여 본질을 잃어버리고 만 승려 계급에 대한 무서운 비판의 소리였다. 그와 동시에 승려 사회 내부에서도 철저한 자기 비판의 풍조가 일어나 자기의 죄의식을 털어놓는 예도 보이기에 이르렀다.

신란 같은 이는 출가자이면서 아내를 얻은 것이 동기가 되었음인지 죄인은 오직 자기 하나뿐이라는 의식에 철저했다.

> "따라서 중도 아니고 속인도 아니라. 그러므로 독(禿)이란 글자를 가져다 성을 삼노라."

고 선언한 이유도 거기에 있었다. 중의 몸으로 가정을 갖게 된 고민이 그로 하여금 승려로서의 자기를 부정하게 하면 할수록, 속인도 아닌 자기를 절실히 느껴야 했던 것이었다. 청정한 수행자라는 의식이 있는 한 아무래도 자기를 속인보다 우위에 놓는 거만함이 생겨날 것이다. 그러나 그에게는 그런 거만함이 깃들여지는 없었다. 누구보다도 자기 스스로 죄인이라고 생각했기 때문이다. 그러기에 그는 모든 속인(대중) 편에 서서 약한 자·죄 깊은 자의 구원의 길을 모색하게 되었던 것이겠다. 그가 죄인의 입장에서 구원의 길을 모색하고 있는 한, 그는 진정한 의미의 속인도 아닌 것이었다. 이것은 중이면서 속인인 것과는 본질적으로 다르다. 그는 속인과 타협한 것이 아니라 대중의 대변자로서 첫 길을 개척한 것이었으니까. 이러한 자기를 대중의 하나로서 인식하는 태도는 당시의 고승들이 한결같이 지녔던 정신이다. 여기에서 불교는 새 꽃을 피울 수 있었던 것이다.

출가자의 정신은 무엇인가? 출가자와 재가자는 무엇이 다른가? 메난드로스 왕은 이런 문제에 대해 질문해 갔다.

"존사 나가세나여, 붓다께서는 이렇게 설하셨습니다.

'수행자들아, 재가자거나 출가자거나 바르게 실천하는 자를 나는 칭찬한다. 수행자들아, 재가자거나 출가자거나 바르게 실천한 사람은 그로 인해 모든 곤란을 극복하고, 진리에 도달할 수 있으리라.'

존사 나가세나여, 만약 재가자가 백의를 몸에 휘감고, 애욕을 마음껏 채우며, 처자와 집에 살면서, 카시 국에서 나는 전단향을 쓰고, 꽃다발과 향에 묻혀 있다고 합시다. 그리고 금은을 애용하고, 마니주나 황금을 아로새긴 관을 쓰고 있다고 합시다.

또 출가자는 머리를 깎고 황의를 걸치며, 남에게서 얻은 밥으로 생활하고, 계율이라는 계율, 실천해야 될 모든 사항을 완전히 지켜야 한다고 생각합시다. 이리하여 재가자나 출가자나 진리에 다 같이 도달할 수 있다고 하면, 존사여, 그렇다면 재가자와 출가자의 다른 점은 무엇이겠습니까? 고행은 별 효과가 없고 출가는 무익한 행위라 아니 할 수 없습니다. 구태여 고생을 사서 할 필요가 어디에 있겠습니까? 행복한 생활에 의해 행복(깨달음)은 얻어지는 것이 아니겠습니까?" (2, 6, 4)

재가 생활을 하는 것으로도 깨달음이 달성되고, 출가하여 엄한 계율을 지키고 수도에 힘쓰는 것으로도 깨달음이 얻어지는 것이라면, 구태여 출가할 필요가 없지 않은가? 목적만 달성된다면 재가 생활로도 충분하며, 출가하여 고행할 필요가 없지 않은가? 이것이 메난드로스 왕의 질문의 취지였다. 이에 대해 나가세나는 다음과 같이 대답했다.

물론 출가자나 재가자나 바른 도를 실천하기만 하면 되는 것이요, 또 어느 쪽에도 그 가능성은 있는 터이다. 그 점에서는 양자가 같다. 그러나 목적에 이르는 속도에 차이가 있다. 말은 쉽지만 가정 생활의 번거로움 속에서 바른 도를 실천하기란 말처럼 쉬운 일은 아니다. 바른 도를 실천하기 위하여 마음이 한 곳으로 집중되어야 하는바, 아무래도 가정 생활은 장애가 되기 쉽다. 이런 번거로운 관계에서 벗어날 필요가 생기는 것이니, 그것이 곧 출가이다. 출가에는 무량한 공덕이 있는 것이다. 이상은 출가 지상주의에 서 있는 전통적인 불교의 견해를 대표하는 것이라 볼 수 있다.

"대왕이시여, 출가자는 해야 될 어떤 일이라도 신속히 달성하여 시간을 오래 소비하지 않습니다. 왜냐하면 대왕이시여, 출가자는 욕심 내는 것이 적고, 세속의 번거로움을 떠났으므로, 수도에만 전념할 수 있기 때문입니다. 그러므로 출가자는 해야 할 일이면 무엇이나 신속히 달성하고, 많은 시간을 소비하지 않습니다. 대왕이시여, 마치 매듭이 없고 흠이 없는 화살은 다른 화살보다 더 빠른 것과 같습니다."

자신의 상실

나가세나의 대답을 뒤좇고 있자니까, 선사들의 수행과 생활이 머리에 떠오른다. 선의 수행은 엄격하다. 그러나 엄격한 것만이 수행의 전부일 수는 없다. 수행에는 단계가 있다. 이 단계를 하나하나 극복해 가야 어떤 일에나 곧 적응할 수 있는 신속성이 길러지는 것이다. 이 신속한 적응성은 신속 그 자체에 뜻이 있는 것은 아니다. 무엇에나 얽매이지 않는 절대 자유의 세계가 불교의 이상이라 하면, 깨달은 이의 마음이란 사물과 함께 옮겨 가야 잠시도 지체(집착)하는 일이 없을 것이기 때문이다. 연비어약(鳶飛魚躍)이니 도홍유록(桃紅柳綠)이니 하는 경지가 바로 그것이다. 그리고 선사들이 즉문즉답(卽問卽答)을 잘하는 것도 이런 때문일 것이다.

수년 전 좌선을 과학적으로 해명하고자 의학자·심리학자의 공동 연구가 시행된 일이 있었다. 좌선에 들어가 고요한 가운데 갑자기 큰 소리를 낸다. 그러면 곧 각자의 뇌파의 반응이 기계에 나타나게 되어 있었다. 그런데 일반인의 뇌파는 여간해서 원상으로 돌아가지 않는 데 대해 선사들의 그것은 십 초도 지나지 않아서 제자리로 돌아갔다. 선의 수행이 되어 있지 않은 사람은 수십 초에서 몇 분, 사람에 따라서는 십 분 가까이까지 걸렸다. 또 좌선에 익숙하지 않은 사람의 손바닥은 땀으로 축축해졌지만, 선승의 경우에는 손바닥은 도리어 건조하고 손의 겉 부분에 땀이 난다는 것도 밝혀졌다. 말하자면 좌선을 하고 있을 때는 잠을 잘 때와 똑같은 뇌파 작용·발한 작용이 나타남이 판명된 것이었다.

최근 좌선이 일반 사람들에게까지 널리 퍼지고 있거니와, 그 목적은 정신 수양인 것 같고, 또 정신 통일에 의해 복잡한 생활 감정을 잠시나마 잊고자 하는 것인 듯하다. 말하자면 정신 안정제의 구실을 기대하고 있는 것이겠다. 물론 이런 것도 좌선의 효능일 수 있겠으나, 만약 한 알만 먹으면 좌선의 경우와 똑같은 심경에 들어갈 수 있는 약이라도 발명된다면, 사람들은 지금처럼 이것에 흥미를 느낄 수 있겠는가. 아마도 그때에는 좌선 따위는 외면할지도 모르는 일이다.

그러나 약과 수행이 같을 리가 없다. 설사 약을 먹어 어떤 안정 상태에 도달한다 해도 그것은 약효가 지속되는 동안에 한할 것이다. 수행에 있어서는 도리어 그 과정이 중요하다. 긴 극기의 노력이 우리에게 참다운 힘을 길러 주는 것이다. 헬리콥터로 산마루에 오르는 것과 땀을 흘리며 등산하는 것은 같을 수가 없다. 어떤 사태, 어떤 곤란에도 대처할 수 있는 힘은 긴 수련에 의해서만 획득된다는 것을 알아둘 필요가 있겠다. 나가세나가 강조한 출가 우위의 생각에는 이와 비슷한 점이 있었던 것으로 보인다. 출가하겠다는 일대 결의, 긴 수행으로 뒷받침된 체험, 온갖 욕망을 억제하고 도에만 정진해 가는 아리따움, 이런 과정은 좀처럼 재가자로서는 경험하지 못할 것이 아니겠는가.

그러나 입장이 바뀌면 생각도 달라진다. 진실한 구도는 인간관계의 단절에서만 찾을 것이 아니라는 견해도 있을 수 있다. 메난드로스 왕의 질문에도 그런 점이 이미 나타나 있거니와, 인간으로서의 의무를 충실히 다해 가는 곳에 진실한 도는 있다고도 할 수 있다. 가장으로서, 주부로서, 자식으로서, 또는 국민으로서 살아가는 그 생활 속에 도가 깃들어 있지 않다고 하면, 도란 대체 우리 인생과 무슨 관계가 있는 것이냐는 의문도 응당 제기되어야 한다. 대승 불교는 이런 입장에 서서, 출가 우위의 사고방식을 정면에서 부정해 갔다. 유마(維摩)가 붓다 제일의 제자인 사리불을 공격한 것 같은 것이 그것이다.

"사리불이여, 앉아 있는 것만이 좌선은 아니다. 현실 세계에 육체적·정신적 작용을 나타내지 않는 것이 좌선이다. 심신을 멸각(滅却)했으면서도 훌륭히 행동해 보이는 것이 좌선이다.

높은 종교적 경지에서 떠나는 일이 없이 평범한 일상 생활을 영위해 가는 것이 좌선이다.

어떤 사상적 경향에도 눈을 팔지 않고 불도의 수행을 계속하는 것이 좌선이다. 윤회의 미혹을 끊어 버리지 않은 채 그대로 열반(영원한 편안)에 드는 것이 좌선이다. 만약 이대로 그대가 하고 있다면, 붓다께서도 그대가 좌선하고 있다고 인정해 주실 것이다."

진정한 좌선이란 고요한 산중에서만 가능한 것은 아니다. 인간 관계를 떠나야만 하는 것은 더욱 아니다. 그것이 진정한 좌선이라면 인간의 현실 속에 실현되어야 한다고 역설한 것이겠다. 유마의 주장에는 형식적인 출가·재가의 구별이 조금도 나타나 있지 않다. 있는 것은 오직 인간뿐이며 진실의 추구뿐이다. 우리는 출가 우위의 생각에나 이것을 부정하는 생각에나 다 나름대로의 진리가 있음을 인정해야 되겠다.

아무리 현대라 할지라도 인간 관계의 단절(출가)이 쉬울 리 없다는 것은 자명한 이치다. 그러므로 진리 추구를 위해 속세를 용감히 버릴 수 있는 행위는 의당 존경을 받아야 옳다. 그러나 불교가 우리의 현실 속에 살려져야 하는 것도 사실이다. 불교는 고승대덕의 전유물이 아니라, 그것이 장삼이사의 불교가 될 때에만 진실한 생명을 발휘할 수 있을 것이다. 그런 점에서 출가·재가의 구별은 응당 철폐되어야 옳다.

그러므로 이 두 가지 입장이 서로 자기를 반성하고 상대의 입장을 존중하는 것에 의해서만 불교는 참되게 살아갈 수 있을 터이다. 이 문제는 우리가 겸허하고 진지하게 해결해 가야 할 과제임에 틀림없다.

5. 그리스 사상과의 대비

그리스 사상과의 대비

 인도인과 그리스인과의 대화, 사실은 『밀린다 왕의 물음』이라는 이름에서도 드러나듯 인도인의 의견을 그리스인이 묻고 듣는 대화는 이것으로 끝났다. 이런 인도와 그리스의 교섭은 언제부터 이루어졌을까? 인도에서는 그리스인을, 산스크리트로 야바나(Yavana), 팔리 어로는 요나(Yona) 또는 요나카(Yonaka)라 불렀거니와, 이런 말이 일반화된 것은 알렉산더 대왕 때인 것 같다. 기원전 4세기 모리아 왕조의 시조인 찬드라굽타 시대에 이 궁정에 그리스 사절로서 주재하고 있던 메가스테네스는 자기가 보고 들은 바를 기록하여 『인도지(印度誌)』라는 저서를 낸 일이 있었다. 이 책은 현재 스트라폰의 저서 같은 데에 그 단편이 인용되어 있어서 귀중한 자료로서 주목되고 있다.

 그리고 알렉산더 대왕이 인도에 침입한 것은 기원전 327년의 일이었다. 이 시기를 기점으로 하여 인도와 그리스의 직접적인 교섭이 시작된 것으로 추측된다. 소위 바크트리아 왕조는 그리스인인 디오도토스가 창건하였고, 메난드로스 왕은 그 4대 임금인 것으로 보인다. 메난드로스 왕은 사가라를 수도로, 동쪽은 갠지스 강 유역 일대, 남쪽으로는 마라바 지방, 서쪽으로는 힌두·쿠슈 산맥, 북쪽으로는 캐시미르에 걸치는 광대한 지역에 군림해 있었던 것이다. 『밀린다 왕의 물음』에는 그의 수도 사가라의 번창한 모습이 재미있게 기록되어 있고, 그 당시의 경제적 상황도 나타나 있다.

그리스가 인도에 끼친 영향으로는 간다라 양식이라는 미술상의 수법을 들어야 할 것이다. 이것은 수많은 불교 예술품으로 나타나, 지금까지 많은 사람의 감탄의 대상이 되고 있다. 또 그리스어의 낱말이 산스크리트에 혼입되기도 했고, 인도 천문학에 그리스의 영향이 있었다는 등, 많은 사실(史實)이 근대의 연구에 의해 밝혀지고 있다. 또 헬레니즘의 세계에 인도 사상의 영향이 적지 않았던 것도 많이 연구되고 있거니와, 문화·사상의 교류는 전문가의 저서에 일임하기로 하고, 여기서는 본서와 관계되는 사상의 단편만을 이것 저것 들어 보기로 할까 한다.

인도와 그리스의 비교는 반드시 온당하게 진행되고 있다고만은 말하기 어렵다. 그리스에서 철학이 대성했을 즈음에는 인도에도 체계 있는 철학이 생겨나 있었다. 그리고 양자 사이에는 유사한 성격도 없지 않았던 것이니, 이것을 추구한다 해도 두 민족이 함께 아리아 족에 속한다는 사실을 잊어서는 안 되겠다. 그렇다고 아주 같을 수만은 없는 것이었다. 언어·사상이 같은 민족에서 파생한 만큼, 공통되는 것을 지니고 있었을 것은 당연하다 하겠으나, 기후·풍토·풍속의 차이는 이질적인 요소를 처음부터 각기 지니게 만들었던 것도 부정할 수 없는 터이다. 따라서 당시의 인도 문화와 헬레니즘이 서로 동서양을 대표하는 것으로서 비교된다 해도, 결코 근거 없다고만은 말할 수 없는 것이겠다.

현대 일본인 사이에는 본서에서 보는 것 같은 대화가 결여되어 있다. 서로 흉금을 털어놓고 사심 없이 이론만을 추구하는 대화를 찾아 볼 수 없는 세상이 되고 말았다.

소크라테스는 소피스트의 횡행으로 진리가 파괴되고 도덕이 교란되는 것을 좌시할 수가 없어서, 직접 가두에 서서 상대에게 질문을 퍼부음으로써 그 모순을 지적하여 스스로 무지함을 깨닫게 하려 하였다. 이렇게 대화를 통해 진리를 추구하는 방법을 문답법(dialektikē)이라 불렀던 것은 누구나 알고 있는 사실이다. 대화는 그리스에서뿐 아니라 널리 고대 지식인 사이에서 애용된 방법이었다. 시험삼아 불교 경전을 들추어 본다면 그 태반이 대화로 이루어져 있음을 발견하게 될 것이다. 또 공자가 제자를 교육하는 데 사용한 방법도 이 형식이었다. 이런 대화에 공통된 성격은 그것이 열변도 웅변도 아닌 순탄한 말투라는 점이다. 아주 자연스럽게 허심탄회한 경지에서 말을 주고 받고 있는 것이다. 이런 대화는 상대가 말하는 점이 무엇이며, 알고자 하는 것이 어떤 점인지를 알 수 있는 만큼, 가장 좋은 교육 방법이라고 할 수 있다. 메난드로스 왕과 나가세나가 주고 받은 말에서도 그 대화하는 정신을 먼저 배워야 할 것 같다.

그러면 그리스와 인도 사이에 있는 사상적 문제란 어떤 것이었던가? 첫째 영혼의 유무에 관한 문제가 지적될 수 있다. 그리스에서는 영혼이 실체로서 존재한다고 일반적으로 믿었다. 소크라테스를 비롯하여 플라톤 같은 이도 이 입장에 서 있다. 또 피타고라스의 제자인 알크마이온은 영혼은 없어지지 않는다고 단언한 바 있었다. 이에 대해 불교에서는 무영혼설을 명확히 주장했다. 이것은 양자의 극단적인 대립의 하나로 손꼽힐 만하다. 그러나 이런 문제는 지금껏 논란의 대상이 되고 있는 것으로도 알 수 있듯, 차라리 인류 공통의 관심사라고 하는 편이 온당할지도 모른다. 당시의 인도인이라 해서 그 실재를 주장하는 사람이 없었던 것은 아니었고, 그리스인이라고 다 영혼의 존재를 믿은 것도 아니었을 것이다. 그러나 그 대표적인 사상가가 각기 반대되는 주장을 강조했다는 것은 두 사상의 차이를 보이는 것임에는 틀림없을 것이다.

인도에서는 인간 이외의 동물까지를 인간과 같은 생물이라고 보는 경향이 강하다. 때로는 이것이 동물을 넘어 식물에까지 미치는 일도 있다. 불교에서도 이런 생각은 기본적인 것이어서, sattva의 역어인 '유정(有情)'이니 '중생'이니 하는 말이 '모든 살아 있는 것'을 뜻했던 것은 당연한 귀결이었다. 두 사람의 문답에서도 이 점이 미묘한 차이를 가져왔다. 인도적 입장에서는 인간을 중심으로 하면서도 모든 생물의 본질이나 윤회가 테마를 이룬 데 대해, 그리스적 사유에서는 인간 자체만이 테마가 되었다고 할 수 있다. 또 인도적 사유에서는 의식이나 언행이 업(業)을 형성한다는 생각이 뚜렷했던 터이지만, 그리스인은 이 점을 이해하기 어려웠을 것으로 생각된다. 현대인 중에도 이것을 숙명론적인 것으로 받아들이는 경향이 있는 터이니까. 또 인도 고유의 윤회 사상도 그리스인은 이해하기 어려웠을 것이다. 그리스에서도 피타고라스 일파가 이런 생각을 지니고 있었다 하거니와, 그것은 철학적으로 정리도 안 됐고, 더구나 일반에게는 알려져 있지 않았다. 더구나 불교에서는 무아(無我) 사상에 입각하면서 이것을 인정한 것이었다. 그것이 그리스인 눈에 수수께끼처럼 비쳤을 것은 당연한 일이었다.

인간의 평등에 관한 주장도 양자에 공통된 것은 아니었다. 물론 인도나 그리스나 사회 계급의 차별은 있었다. 그러나 불교에서는 이것을 정면으로부터 부정했을 뿐 아니라, 불교 교단 내부에서 그것을 실천해 나갔다. 이에 비해 그리스인들은 노예 계급을 당연한 것으로 여겨 노예를 혹사함으로써 귀족들의 생활을 유지해 갔다. 물론 모처럼의 불교의 주장도 그것이 일반 사회를 개혁하는 데까지는 이르지 못했고, 오늘의 인도에도 오히려 계급 제도가 암으로서 남아 있음을 외면할 수는 없는 일이다. 그러나 아득한 옛날에 이미 인류 평등을 부르짖고 이것을 실천해 간 그 예지만은 높이 평가되어야 하리라.

시간론에서도 양자의 차이는 드러난다. 불교에서는 시간도 실체로서는 인정하지 않고 있었다. 시간이 존재함으로써 그 속에 내가 있는 것이 아니라, 만물과 내가 변화해 가고 있다는 것 자체가 보기에 따라 시간이 된다고 생각한 것이었다. 따라서 미혹을 벗어나 열반의 경지에 이를 때 시간도 초월되는 것이었다. 이에 대해 그리스 사상에서는 시간을 그것대로 긍정했던 것이므로, 불교의 시간론은 주체적 성격이 강한 것이라고 할 수 있을 것 같다.

인간이 사후에 무(無)로 돌아가는 것을 이상으로 하는 불교의 사고 방식 또한 그리스인으로서는 이해하기 어려웠을 터이다. 죽은 다음에도 영혼이 존재해서 즐거움을 마음껏 누리기를 바라는 사람에게는 아무 것도 없이 되는 상태(열반)가 이상이라는 생각은 좀처럼 이해할 수 없었음이 틀림없다.

또 훌륭한 사람을 두고두고 숭배하는 것은 어디에서나 볼 수 있는 현상이지만, 한 인간을 신과 같은 존재로 인정할 뿐 아니라, 최고신보다도 위에 있다고 믿는다는 것은, 그리스인에게는 납득이 되지 않았을 것으로 보인다. 클레멘스는 인도인들이 마치 신을 위하는 것처럼 붓다를 숭배하는 모습을 보고 놀라움을 솔직히 표시하고 있다. 인간 붓다가 본인이 원했든 원하지 않았든 신 이상으로 숭배된 것은 사실이다. 메난드로스 왕은 붓다에게 무슨 초인간적인 신성(神性)이 있었느냐고 묻고 있지만, 인도인에게는 붓다의 무한성·절대성을 생각하는 것만으로도 족했을 것이다.

인도에서는 세속적인 생활을 버리고 자기 해탈을 위해 출가하는 것이 일반적인 풍조였다. 물론 반대 의견을 주장한 사람도 없는 것은 아니었으나, 거의 모든 사람에 의해 출가는 지지되고 찬

양된 것이 사실이었다. 이런 실천 형식은 그리스에도 있기는 있었다.

이를테면 피타고라스 파라고 불리는 사람들의 생활 태도가 그것에 가까운 점을 가지고 있었다. 피타고라스 파는 '재산을 공유하고 공동 생활을 하면서 일생에 걸쳐' 진리 탐구에 나섰던 것이었으나, 이것은 일반화되지는 못했다. 그런 그리스인에게 있어서 많은 사람이 출가하여 고행하는 모습은 충분히 경이의 대상이 되었을 것이겠다.

지식을 중시하는 태도는 인도나 그리스의 공통적인 특색이었지만, 양자 사이에는 현격한 차이가 있었다. 그리스에서는 '자연'을 하나의 모형으로 하여 진리는 객관성·타당성을 지녀야 한다고 생각했다. 이런 사유의 방향은 인간의 힘이 인간의 현실을 변혁해 갈 수 있다는 생각을 낳고, 자연에 대한 관찰을 낳게 되어, 사회 과학과 자연 과학의 모태가 될 수 있었다. 이에 대해 인도의 지식은 주체적·주관적인 방향으로 나아가 종교적인 색채가 강했다 할 수 있다. 그들은 어떻게 하면 번뇌를 멸하여 궁극의 경지(열반)에 도달하느냐 하는 점에 모든 사고력을 동원한 느낌이 있다. 그리하여 무아·공의 사상에까지 이를 수 있었던 것이니, 세계에서 자아를 부정하고, 신을 부정하는 종교는 불교밖에 없는 것이다.

인도에서 가장 특색을 발휘한 것의 하나가 심리 분석이었다. 감각이나 감정의 원인을 추구하여, 그것이 성립하는 근거를 해명하려 하였다. 이런 심리 분석은 치밀하기 짝이 없어서 좀처럼 유례를 찾아볼 수 없을 것이다. 그러면서도 어디까지나 무아 사상에 입각하고 있었던 것이어서, 이 점이 그리스인에게는 이해하기 어려웠던 모양이다.

  자기의 자각에 관한 문제는 그리스에서만이 아니라 인도의 일반 사상에서도 중요한 과제로 여겨 왔다. 엠페도클레스의 종교시 「카타르모이」에서 '나(ego)'라는 인칭대명사가 쓰이고 있는 것에 주목한 다나카(田中美知太郎) 교수는 윤회 속에서 지속되는 것이 '영혼'이라고 보아, 영혼의 불멸은 고대 그리스 종교의 근본 사상이며 '나'는 이 영혼을 가리키는 것이라고 주장했다(『고전의 지혜』). 그러나 비록 이것이 사실이라 해도 이런 생각은 그리스의 정통 사상이 될 수는 없었던 것이며, 윤회 사상도 일반화하지는 못했던 것이었다. 헤라클레이토스가 '자기 자신의 탐구'를 표방하고, 플라톤이 이데아의 관념을 주장했거니와, 이런 것들은 객체적 표상(表象)인 경향이 짙다고도 할 수 있다. 이에 대해 인도에서는 자기의 주체적 의의를 해명하는 곳으로 방향을 잡았던 것이었다(中村元 『자아와 무아』). 『밀린다 왕의 물음』에서는 무아설을 배경으로 하여 항상 이 입장에 서서 문제를 해설해 간 점에 특색이 있다고 여겨진다.

부록:원전의 영향과 문헌의 개설

『밀린다 왕의 물음』은 원명으로 밀린다판하(Milinddapañhā) 또는 밀린다판호(Milindapañho)라 하는 팔리 어 경전이며, 두 이름 중 앞의 것이 원명인 듯하다. 이 책이 일본에서 주목받기 시작한 것은 1910년대에 들어온 뒤의 일이며, 그때부터 『밀린다왕문경』이라 불리어 오늘에 이르렀다. 팔리어의 원전이 영역에서 일본어로 중역된 것이 1919년이다. 역자 야마카미(山上曹源)는

"이 경은 본 총서 예정에는 본래 들어 있지 않았으나, 도중 갑자기 이 것을 끼워 넣게 되었다."

고 말하고 있거니와, 이때 일부의 식자(識者)가 꼭 일반 독자에게 읽히고자 했었다는 사실이 짐작이 간다. 사실 그 영향으로 일본 사람들은 이 책에 주목하기는 했어도 일반 경전과는 그 성격을 달리하고 있었기 때문에, 친숙하기 어려운 점이 있었다. 그러나 그 이전이라 해서 전혀 알려져 있지 않은 것은 아니었다. 한역(漢譯)된 경전 중에는 이미 『나선비구경』이라는 이름으로 끼어 있었던 것이지만, 다른 경과는 달리 희랍인과 한 비구의 대화로 엮어져 있었기 때문에 경시된 경향이 있다. 버마 불교에서는 경으로 쳐서 중시하고 있는 데 대해, 실론이나 태국 불교에서는 삼장(경·율·론)에 넣지 않고, 별도로 다루어 왔던 것도 다 그만한 이유가 있었다 하겠다. 이미 서장에서 대강 언급한 까닭에, 자세한 말은 피하려 하나, 직접 이 경전을 보고자 하는 독자들을 위해 텍스트와 참고 문헌을 소개해 두겠다.

원전의 영향과 문헌의 개설

원전

The Milindapañho : being Dialogues between King Milinda and the Buddhist Sage Nagasena, The Pali Text, Edited by V. Trenckner, London, 1880 ; Rep. 1962.

이 밖에 샴, 실론, 버마 판 등이 있다. 그 중에서 샴 판은, 트렌크너의 로마자 판과는 꽤 차이가 있어서, 비교 연구에는 소중하지만 후대에 많은 부분을 추가한 듯하다.

한역 경전

『那先比丘經』(大正新修大藏經 第32卷)

이 책에는 2권으로 된 것과 3권으로 된 것이 있어서, 함께 동진(東晉) 시대의 번역이지만 역자는 전하지 않는다. 두 책이 상당히 차이가 있으나 대개 로마자 본의 제1편에 해당하며, 팔리어와 한역이 일치하는 부분을 원형인 것으로 추측하고 있다.

번역서
【팔리 어】
1) *Milinda Prasnaya*, 1877. Hīnatī – Kumbur̩ē Sumangala가 신하리즈로 번역한 것.
2) *The Questions of King Milinda*, T. W. Rhys Davids 옮김, London, 1890. 학문으로는 최초의 것, 최근 미국에서도 출판.
3) *Die Fragen des Milindo*, Nyāṇatiloka 옮김, Leipzig, 1919.
4) *Die Fragen des Königs Menandros*, F. Otto Schrader, Berlin, 1905.
5) 『國譯彌蘭陀王問經』, 山上曹源 譯, 國譯大藏經 第12卷, 1919.
6) *Les questions de Milinda*, traduit du Pali par Louis Finot, Paris, 1923. 단 로마자 본 89면까지.
7) *Dialoghi del Re Milinda*, G. Cagnola, Milano, 1923. 이탈리아어 역.
8) 『彌蘭陀王問經』, 2권. 金森西俊 譯, 南傳大藏經 第59卷 上·下, 1939, 1940. 샴 판에 의거, 트렌크너 본과 대조하여 번역한 것으로 정밀함.
9) *Milinda's Questions*, I. B. Horner 옮김, London, 1963, 1964.

호너 여사의 역과 주는 리스 데이비즈의 것보다도 더 엄밀하므로, 연구에는 뺄 수 없는 자료이다.

10) 『ミリンダ王の問い―インドとギリシャの對決』 3卷, 中村元・早島鏡正 譯, 東洋文庫 7・15・28, 平凡社, 1963, 1964. 현대어 역이며, 역・주가 매우 자세하고 로마자 본을 기초로 샴 판과 대조한 것.

【한역】

1) 『國譯那先比丘經』, 干潟龍祥 譯, 國譯一切經 論集部 第2, 1934.

2) *Les versions chinoises du Milindapanha*, par P. Demieville, Bulletin de I'Ecole Française d'Extreme Orient, 1924. 주와 연구가 상세하다.

【주석서】

Milinda-Ṭikā, Padmanabh S. Jaini 편집, London, 1961. 캄보디아에 전해 오는 주석서.

연구서

1) *The Milinda-Questions*, Mrs. Rhys Davids, London, 1930.

2) *Chinese Translation of the Milinda-pañha*, J. Takakusu, JRAS, 1896.

3) 『インド思想とギリシャ思想との交流』, 中村元, 春秋社,

1959.

4) 『ミリンダ王問經と那先比丘經』, 和辻哲郎, 和辻哲郎全集, 第5卷.

5) 「ミリンダパンハ書史私考」, 『佛敎硏究』47, 山本智敎, 1932.

6) 「那先比丘經に就いて」, 『常盤博士記念論叢』, 池田澄道, 1933.

7) 「ガルベ・ミリンダパンハに就いて」, 『ピタカ』6・9〜12, 金森西俊 譯, 1938.

8) 「那先比丘經研究序說」, 『佛敎學硏究』, 楠山賢由, 1955.

9) 「ミリンダ問經類について」, 『駒澤大學硏究紀要』17, 水野弘元, 1959.

10) 「ミリンダパンハ―における我と無我の論點」, 中村元 編 『自我と無我』, 早島鏡正, 1964.

11) 『初期佛敎と社會生活』, 早島鏡正, 岩波書店, 1964.

또 주목할 만한 것으로, *L'Inde civilisatrice*, Sylvain Lévi(1938)의 제3장은 필독해야 하겠다. 이 밖에 페리오 등의 여러 연구가 있고, 다시 최근에는 Thich Minh Chau가 *Milindapañha Nāgasena -bhikshusūtra*(1964)라는 비교 연구를 내고 있다.